Quel genre de sexe ?

PETITE BIBLIOTHÈQUE DE PSYCHANALYSE

Collection dirigée par Jacques André

Secrétaire de collection : Isée Bernateau

JACQUES ANDRÉ
et al.

Quel genre de sexe ?

puf

LISTE DES AUTEURS

Jacques André

et

Isée Bernateau

Vincent Estellon

Patrick Guyomard

Laurence Kahn

Réjane Sénac

ISBN 978-2-13-078970-3

Dépôt légal — 1re édition : 2017, avril

170 bis boulevard du Montparnasse, 75014 Paris

Sommaire

Présentation

Cet ouvrage est bâti comme d'autres l'ont déjà été dans la « Petite bibliothèque de psychanalyse » (*La Pensée interdite, Psyché anarchiste, Lacan et le contre-transfert*...), à partir d'un texte inaugural, ici celui de Jacques André, « Quel genre de sexe ? », qui propose les bases d'une discussion et tient lieu de fil rouge à l'ensemble des développements.

Une journée de débats organisée en octobre 2015 par le GRPC (Groupe de recherche en psychopathologie clinique, dont les membres sont à la fois psychanalystes et universitaires) a précédé ce volume. Patrick Guyomard en avait dirigé la discussion ; son texte figure dans ce livre en introduction.

Un autre texte de Jacques André, « Foucault contre Freud », conclut l'ouvrage. Parmi les auteurs de la *french theory*, très sollicitée par les *gender studies*, Foucault occupe la première place. Le débat de la psychanalyse avec les études sur le genre ne se confond pas avec son débat avec Foucault. Les fils sont cependant à ce point entremêlés qu'il n'est guère possible de convoquer les unes sans en revenir à l'autre, de disserter sur sexe et genre sans interroger l'archéologue du savoir sur la sexualité.

Hors sexe ?

PATRICK GUYOMARD

La psychanalyse ne saurait se soustraire au dialogue « aussi difficile que nécessaire », comme le souligne Isée Bernateau, avec les études de genre. Dialogue sans doute, débat assurément. Elle n'a pas à s'y inviter. Elle s'y trouve convoquée, voire prise à partie dans son histoire, ses concepts et ses positions. Comment s'exclurait-elle d'un mouvement d'études, de recherches et de pensée qui, sous le nom de *genre*, reprend et transforme, subvertit sans doute, ce qu'elle a elle-même ouvert et initié avec la reconnaissance de la sexualité, du sexuel infantile, des sexualités et enfin, Freud n'a pas pu le nommer autrement, de la psycho-sexualité.

Avec le genre, le mouvement d'émancipation des sexualités à l'égard de la nature, d'une « naturalité » des sexes comme de leur différence, accomplit son ultime mutation. Le sexe ne détermine absolument rien, le masculin et le féminin sont des catégories sociales. Rien n'est donné. Tout est construit, produit dans l'histoire des pouvoirs, des dominations et des violences. Aucun fondement naturel ne dit ni ne prescrit ce qu'est une femme ou un homme. Les genres sont culturellement construits. Tout est culture. L'hétérosexualité aussi. Freud en constatait l'évidence, mais c'était plus pour en interroger la genèse. On ne naît pas femme, on le devient, mais ce devenir qui fait du féminin une construction et non plus un destin, ouvre à tous les possibles et à toutes les émancipations. Si l'identité sexuée n'est rien d'autre que l'assignation à celle-ci par des normes sociales et culturelles elles-mêmes construites, les luttes pour les droits et l'égalité ne peuvent que défaire et mettre à mal tout ce qui s'était imposé au nom d'une prétendue « nature ».

La théorie du genre pense, anime et soutient ces mouvements d'émancipation et de progrès. Est-ce une théorie ? Certains, pris d'un mouvement de recul devant ses excès, soutiennent qu'elle n'existe pas. Les études de genre, en revanche, se déploient et se multiplient. Elles produisent des savoirs qui sous le nom de *genre* ouvrent des recherches nouvelles dont des transformations sociales et politiques sont attendues.

Rien là qui ne trouve dans la psychanalyse et son histoire des précédents et des recherches, un combat aussi contre les refoulements et pour la prise de parole. Bien des textes de Freud (« Le tabou de la virginité », « La morale sexuelle "civilisée" », etc.) montrent l'intrication du sexuel et du social. Le sexuel est un fait de culture. Dès lors, comme le précise Jacques André « tant qu'il s'agit de s'accorder sur le caractère dénaturé de l'humaine sexualité et la critique du privilège hiérarchique concédé à l'hétérosexualité, la psychanalyse se retrouve sur le même terrain que les *gender studies* ».

Que le genre soit politique, comment ne pas y souscrire ? À condition de ne pas confondre politique et culture. Le genre peut appeler une politique de l'égalité, de lutte contre les violences et les différentes discriminations, dont il ne saurait être le seul et unique ressort. Mais le sexe ? N'est-il que politique et soluble dans le genre ?

Nommer le genre – neutre à l'occasion – suffit-il à supprimer l'irréductibilité tant biologique que « culturelle » des sexes ? Va-t-on remplacer l'ambiguïté des sexes par la neutralité des genres ? Et condamner, au nom du genre, un sexisme… sans sexe ?

Dans un récent ouvrage, Geneviève Fraisse, relève les *Excès du genre*[1]. Elle préfère l'adjectif « genré » ou « genrée » au substantif qui sous les traits d'un concept abstrait neutralise le genre et efface la réalité concrète des partitions sexuées des genres. « Nous comprenons que le neutre est soit une abstraction stimulante, soit le masque du mensonge[2]. » Il apparaît en effet que « ce neutre, le genre, peut servir de masque qui cache les hommes et les femmes dans un universel qui sait mentir, niant par là même les différences qui font les inégalités[3] ».

Faut-il supprimer le mot « sexe » et lui substituer celui de « genre » ? La question est posée si ce mot renvoie à « la non pensée ou à une assignation piégée cause de toutes les oppressions et les inégalités[4] ». À l'en croire, la question est déjà en voie de résolution : « Je rencontre, écrit-elle, des étudiantEs qui se savent déjà obligéEs d'utiliser uniquement le mot "genre", sous peine, sinon, de ne pas avoir de démarche scientifique reconnue et acceptée par l'institution du savoir, donc de mettre en danger leur avenir professionnel, aujourd'hui si peu assuré[5]. » Guerre des mots ou guerre des choses ? Si le mot, qui, en l'occurrence, a une longue et singulière histoire, crée la chose, suffit-il de le supprimer, en fait de l'interdire, pour que la chose

1. Geneviève Fraisse, *Les Excès du genre*, Paris, Lignes, 2014.
2. *Ibid.*, p. 13.
3. *Ibid.*, p. 14.
4. *Ibid.*, p. 24.
5. *Ibid.*

disparaisse ? On a envie de rappeler la parole de Charcot : « Ça n'empêche pas d'exister. » Des politiques proposent aujourd'hui de supprimer le mot « race ». Comment alors critiquer et combattre le racisme ? Elle suggère, finalement, de « garder le mot sexe à côté du mot genre » et d'accepter que « genre ne révoque pas le sexe »[1].

Les théories du genre, à distinguer des études de genre, veulent réduire le sexe au genre. Elles veulent perdre, ou éviter, la puissance irréductiblement dérangeante de la différence entre Sexe et Genre. Au nom d'une simpliste opposition entre nature et culture, que Claude Lévi-Strauss lui-même a autant installée que mise à mal. Comme si chaque culture n'avait pas sa propre pensée de la nature et si le mot même de « nature » n'était pas profondément un terme de culture. Rien d'étonnant à ce qu'une pensée du genre s'inverse dans un mouvement de critique d'une notion elle-même devenu trop identitaire et normative : le temps est venu de Défaire le genre. Un renversement, des aveux, dont un psychanalyste, à tort ou à raison, ne saurait s'étonner tant il est habitué à l'opacité et à l'essentielle difficulté de ces questions. Elle tient autant aux mots qu'aux choses.

Quand on lui demande si elle est un homme ou une femme, Judith Butler répond : « Je suis une femme », mais elle ajoute : « Je me dis : "tu dois le dire ; tu utilises ce langage ; tu es salie par ce langage ; tu sais que tu mens ; tu sais que c'est faux, mais tu l'utilises tout de même"[2]. » Autre aveu, ou vérité, qui montre l'impasse du réductionnisme au genre : « L'enfant est nécessairement, en dépit de son bon sens, passionnément attaché à ceux qui l'élèveront. C'est le lot humiliant de tous les êtres humains : nous

1. *Ibid.*, p. 23.
2. Judith Butler, *Trouble dans le genre*, Paris, La Découverte, 2005, p. 24.

aimons ces êtres humains qui se trouvent être nos parents ou qui prennent soin de nous ; il est terrible de découvrir que nous n'avons pas d'autre choix que de les aimer et que cet amour est absolu[1]. » Gageons que le bon sens des enfants, ici invoqué par dépit, leur fera, quels que soient les « soins » parentaux, s'interroger sur le sexe des parents et aussi le leur. Quel que soit leur genre. L'intelligence, l'éveil, le désir et la curiosité des enfants sont indissociables du sexe et des théories sexuelles infantiles.

Il y a toujours dans le sexe autre chose que du sexe. Les psychanalystes le savent. Ils n'en ont pas pour autant fini avec le sexe qui du fait et non en dépit, des multiples développements cliniques et théoriques a peu perdu de son énigme et de son opacité. Il s'agit moins d'opposer à nouveau la nature et la culture, que de rappeler, et d'admettre, avec Freud que la Chose sexuelle est psychique. La tension, la difficulté, serait davantage entre le sexuel et le psychique. Dans ce champ, les concepts abondent, à commencer par ceux de pulsion, de fantasme, de désir et de libido, de corps et de soma. La psychanalyse ne dénature le sexe que pour lui faire perdre ses assurances biologiques et bouleverser, avec l'inconscient, la pensée du psychique.

Choisir son genre ? Choisir son sexe ? Mettre en option des choix ? Mais à partir de quelle enfance, de quel passé, de quelles attentes et désirs qui, en leur temps, ont présidé, dans un sens ou dans l'autre, à ces choix et les ont rendu possibles sinon inévitables ou parfois contraints. Mais sous l'effet de quelles contraintes ? L'idéologie du non-choix préalable et l'espoir, la croyance, que tout choix doit se faire, au mieux, à partir de rien de rien d'imposé n'est-elle pas un mal contemporain ? Choisir, ce n'est pas le pire, est

1. Judith Butler, *Humain inhumain*, Paris, Amsterdam, 2005.

parfois s'opposer. Ne voudrait-on pas, comme on a voulu mettre l'enfant au cœur de l'école, mettre le genre au cœur de la sexualité ?

La question des choix subjectifs, si délicate soit-elle, est aussi au cœur de la clinique. Choix de la névrose ? Choix de la psychose ? Souvent la cure dévoile et réinterroge des choix antérieurs, précoces, qui renvoient à des organisations différentes : fantasmes, conflits psychiques impossibles à résoudre ou à affronter, choix imposés, eux-mêmes effet d'identifications aux enjeux divers. Freud disait de l'Homme aux loups que de la castration il n'avait, en un sens, rien voulu en savoir. La liberté des choix, éminemment souhaitable si l'on n'oublie pas que c'est aussi celle de choisir à nouveau et de refaire le même choix, ne peut effacer les premiers temps de la vie psychique.

Le sexe confronte aussi à la différence des générations comme à l'expérience et la pensée de la finitude et de la mort. Une nouvelle question : quel genre de différence de génération ?

Quel genre de sexe ?

JACQUES ANDRÉ

Mai 2015, la très catholique Irlande, pays où l'Église domine la quasi-totalité du système éducatif, s'est exprimée par référendum à 62 % en faveur du mariage homosexuel. Pas de véritable opposition, quand, quelque 20 ans plus tôt, l'homosexualité y était encore jugée comme un délit. En passant, c'est le débat français récent et bruyant sur le même thème qui a pris un grand coup de désuétude.

Cette ultime modification historique du régime de l'alliance fait corps avec une multiplicité de dispositions légales intervenues dans les démocraties occidentales concernant la parenté (filiation et alliance), les organisations familiales, les modalités de procréation, l'identité de genre, voire le traitement des morts (délimitation d'un carré lesbien dans l'un des cimetières protestants de Berlin). Ce qui fait craindre aux uns l'effondrement de leur civilisation est tranquillement accueilli par l'auteur des *Structures élémentaires de la parenté* comme les nouvelles figures d'une combinatoire qui a déjà produit des formes bien plus étranges. Des Nuer du Soudan aux Tupi-Kawahib du Brésil en passant par bien d'autres, Lévi-Strauss souligne que « ce que nous considérons comme "naturel", fondé sur l'ordre des choses se réduit à des contraintes et à des habitudes mentales propres à notre culture… Les pratiques et les aspirations qui choquent le plus l'opinion ont leur équivalent dans d'autres sociétés qui ne s'en portent pas plus mal [1] ». La tranquillité du psychanalyste est d'un autre ordre, elle n'est pas moindre : bien placé pour ne pas confondre la famille dite nucléaire (le père, la mère et les enfants) avec le cadre nécessaire et suffisant à la santé psychique, il est par ailleurs convaincu par plus de cent ans de pratique que la bisexualité est la chose du monde la mieux partagée, que les déterminations du « choix » d'objet sont tout aussi inconscientes qu'il s'agisse d'hétéro ou d'homo sexualité, et que l'équation entre le sexuel, le génital et le procréatif ne concerne que le monde animal.

Le psychanalyste est aussi un citoyen que n'épargnent ni les partis pris, les convictions, les croyances… mais qu'il parte en croisade contre les bouleversements du moment au nom d'une version idéologique et normative du triangle œdipien, et il cesse d'être ce qui est censé le constituer dans l'originalité de sa méthode et la spécificité de son éthique. Un patient s'adresse à la psychanalyse pour retrouver un peu de liberté contre ses auto-entraves, pas pour qu'on lui prêche son bien. « Au moins ici, dit cette jeune femme, je sais que personne ne va me donner de conseils, dicter ma conduite, guider ma vie. » Il n'y a pas grand-chose à ajouter, l'analyse peut commencer.

L'homme d'aujourd'hui a au moins 500 000 ans. Il est déjà *erectus* depuis quelque temps et la station droite par lui conquise a permis un développement de la masse cérébrale sans équivalent dans le monde animal. Hominisation et cérébralisation vont de pair. Il taille des outils de pierre d'une symétrie étudiée exigeant plus d'une douzaine

1. Claude Lévi-Strauss, *L'Anthropologue face aux problèmes du monde moderne*, Paris, Seuil, 2011, p. 69 *sq.*

d'opérations successives, il est inimaginable que ces techniques complexes aient pu se transmettre de génération en génération sans faire l'objet d'un enseignement. La contiguïté entre le centre cérébral qui commande la main droite et l'aire de Broca (centre du langage) laisse supposer un développement simultané de la technique et du langage articulé [1]. Le moment fondateur de l'humaine sexualité, la perte de l'œstrus, date sans doute de cette même période : la femme est la seule femelle mammifère à se prêter à l'acte sexuel en dehors du rut. C'est aussi dans ces mêmes temps reculés que l'homme accorde une première attention aux morts (la plus ancienne sépulture connue a 350 000 ans, un puits regroupant plusieurs squelettes en Espagne). La mort, comme la sexualité, est datée. Ensevelir ses morts, copuler par tous les temps, ou graver un symbole sur l'outil de pierre taillée ne sert à rien, n'est d'aucune utilité à la survie de l'espèce. L'inutilité est l'invention et l'honneur de l'homme.

Pour rendre compte de ce bouleversement de l'ordre sexuel, Lévi-Strauss propose une fantaisie, entre bien d'autres imaginables : « Quand les femmes purent signaler leurs humeurs avec des mots, elles n'eurent plus besoin des moyens physiologiques par lesquels elles se faisaient précédemment comprendre. Ayant perdu leur fonction première, devenus inutiles, ces vieux moyens, avec leur appareil encombrant d'enflures, de moiteurs, de rougeurs et d'exhalaison odorantes, se seraient peu à peu atrophiés [2]. » Curieusement le mythe-fantasme de l'anthropologue n'est pas sans rappeler celui de Freud, alors qu'il évoque un « patient renifleur », l'homme aux rats. Le

1. Claude Lévi-Strauss, *Nous sommes tous des cannibales*, Paris, Seuil, 2013, p. 213.
2. *Op. cit.*, p. 214-215.

refoulement des plaisirs olfactifs de l'enfance ne serait-il pas la répétition d'un moment fondateur dans l'histoire de l'humaine sexualité, celui du « refoulement organique », quand la conquête de la station droite, l'éloignement du sol et celui du nez des organes génitaux qu'elle entraîne, ont conduit à une atrophie du sens de l'odorat[1] ? À suivre les variantes de ce même mythe des origines, la première différence sexuelle opposerait moins l'homme et la femme, que l'homme et l'animal ; voire, d'odeurs en exhalaisons, le génital et l'anal. Ces mythes devinent-ils quelque chose des premiers pas sexuels de l'humanité ? En tout cas ils parlent de leurs auteurs et de la contribution de la névrose obsessionnelle à leur fantaisie.

En faisant l'hypothèse d'une solidarité entre l'apparition du langage articulé, l'activité symbolique qu'il permet, et la perte de l'œstrus, Lévi-Strauss fait de la naissance de la sexualité humaine un fait de culture : « La culture aurait modelé la nature, et non l'inverse[2]. » Ce que le psychanalyste prolonge et accentue volontiers en distinguant la pulsion de l'instinct. Si la pulsion a conservé la force irrépressible de l'instinct, pour le reste elle se définit par ce qui l'en distingue. Indissociable du fantasme (on a jamais « vu » l'une sans l'autre), dessinant à la surface du corps une géographie de l'excitation qui se moque d'un quelconque « primat du génital », impossible à définitivement satisfaire, toujours un désir d'avance, la pulsion est aussi capable de changer de but (ce qui permet au sexuel d'investir des domaines ou des activités, y compris celle de penser, sans relation manifeste avec l'image commune de la sexualité) que d'objet (une de perdue, dix de retrouvées)… L'émancipation du sexuel de la visée instinctuelle

1. *OCF* IX, p. 212-213.
2. *Op. cit.*, p. 215.

et reproductive n'a pas attendu la pilule contraceptive, elle a quelques centaines de milliers d'années. La sexualité humaine n'est ni naturelle, ni contre-nature, elle est *dénaturée*. Et quand la nature tente de refaire surface, à l'heure des transformations de la puberté, c'est pour trébucher en terrain miné par le sexuel infantile. Il arrive même, dans des cas extrêmes, que la nature soit priée d'attendre, quand la jeune anorexique bloque sur place, par la seule violence de sa vie psychique, le surgissement menaçant du corps de la féminité. Dénaturée ne veut pas dire que la sexualité soit dérégulée, mais ce que l'instinct ne contrôle plus, c'est maintenant à l'institution, au *socius* de s'en charger. Nulle société qui ne trace ses lignes de démarcation entre l'obligé, le permis et l'interdit.

Deux remarques complémentaires pour clore ce voyage à travers le temps. La liberté conquise par la sexualité ne laisse pas intacte la reproduction. Elle aussi tombe sous le coup, au moins partiel, de l'*inutilité*, celle des systèmes de parenté, de leurs prescriptions et interdictions sur le versant social, celle du désir d'enfant ou de descendance sur le versant individuel. Un désir lui aussi soumis au conflit psychique, tout aussi capable de multiplier la progéniture que d'engendrer la stérilité. La reproduction est devenue simultanément symbolique et sexuelle, l'énigme : « d'où viennent les enfants ? » interroge moins la nature que la scène primitive. Comme le souligne Maurice Godelier, jamais un homme et une femme ne suffisent à faire un enfant ; si dieu ne participe pas à la conception l'enfant n'aura pas d'âme… et quand bien même dieu serait mort, il n'est d'enfant qui ne se conçoive hors son inscription dans un ordre symbolique qui contribue à l'engendrer tout autant qu'une rencontre de gamètes.

Deuxième remarque, elle concerne la femme. C'est en son corps que disjonctent l'instinctuel et le sexuel. À ce titre, elle semble bien être devenue à la fois le représentant par excellence de l'énigme (qu'est-ce que sexuel veut dire ?) et le corps à contrôler. La domination masculine, elle aussi, remonte au fond des âges, la politique de la sexualité a l'âge de la sexualité. Les premiers documents en la matière, peintures et sculptures avec lesquelles naît la figure, sont malheureusement très récents, pas plus de 39 000 ans. L'homme y apparaît comme un motif relativement négligé, c'est une femme qui est peinte ou sculptée ; moins qu'une femme, elle n'a pas de visage. Elle a en revanche des formes démesurées, seins, fesses et surtout vulve, souvent seule à être peinte[1]. Tout se passe comme si se configurait ainsi dans cette démesure l'une des traductions possibles de la différence des sexes, celle que Tirésias rendra célèbre : il y a deux sexes, l'un des deux, le féminin, jouit neuf fois plus que l'autre dans l'acte sexuel. La femme a perdu sa chaleur cyclique, elle est en chaleur tout le temps ; « porte du diable » (Tertullien), il faut la brûler ou la voiler.

À l'autre extrémité de l'histoire, l'histoire continue. Impossible de dissocier les enjeux politiques contemporains de l'interrogation sur le genre d'une critique, sinon de la différence des sexes elle-même (encore que...), en tout cas de sa traduction en termes de domination ; une domination double, d'abord celle du privilège accordé à l'hétérosexualité, ensuite celle de l'homme au sein du couple homme/femme. « Dénaturaliser l'ordre sexuel en parlant de genre, ce n'est pas tant politiser le sexe, que révéler au grand jour combien il a toujours été déjà politisé »[2]. Les grandes figures des *gender studies*, Monique Wittig, Gail

1. Cf. Jean-Paul Demoule, *Naissance de la figure*, Hazan, 2007.
2. Éric Fassin (et V. Margron), *Homme, femme, quelle différence ?*, Salvator, 2011, p. 30-31.

Rubin, Judith Butler sont femmes, féministes et lesbiennes. Pas plus que cela ne suffit à circonscrire la portée de leur discours, on ne saurait tenir cette communauté pour indifférente. L'ouvrage majeur de Judith Butler, *Trouble dans le genre*, cherche autant les ennuis et la discorde (sens premier de *trouble* en anglais) que brouiller des distinctions trop claires entre homme et femme. Elle écrit : « Le genre devrait être renversé, aboli ou rendu fatalement ambigu, parce qu'il est toujours un signe de la subordination des femmes[1]. » À aucun moment, elle ne reprend à son compte la notion d'*identité* de genre, élaborée par Money et Stoller. La théorie-fantasme est, à l'inverse, celle d'un monde où l'on passerait sans conflit d'une identité sexuelle à une autre (ce que l'Argentine, et plus récemment le Mexique, ont inscrit dans la loi). « Le rêve qui me semble le plus attachant, écrit Gail Rubin, est celui d'une société androgyne et sans genre (mais pas sans sexe) où l'anatomie sexuelle n'aurait rien à voir avec qui l'on est, ce que l'on fait, ni avec qui on fait l'amour[2]. »

Le débat de la psychanalyse avec les études sur le genre est nécessaire, encore faut-il qu'il échappe à la caricature. Si les psychanalystes n'ont rien d'autre à dire qu'à ânonner « le destin c'est l'anatomie », renvoyer au roc biologique de la sexuation… ou réduire l'adversaire au déni de la différence des sexes, sans même réinterroger ce qu'ils entendent par cette dernière expression, c'est à désespérer de ceux dont l'attention, l'écoute en égal suspens est censé constituer la méthode. Si le débat est d'abord théorique, il n'est pas sans écho clinique. Entre Freud et nous, les lignes de démarcation du refoulement collectif se sont déplacées, pas

1. J. Butler, *Trouble dans le genre* (1990), Paris, La Découverte, 2005, p. 34.

2. Gayle S. Rubin, Judith Butler, *Marché au sexe*, EPEL, 2001.

seulement en Irlande, concernant notamment la possibilité de donner corps aux désirs bi et homosexuels.

Penchons-nous sur quelques considérations théoriques en suivant plus particulièrement, dans le foisonnement des *gender studies*, la ligne défendue par Judith Butler. Considérations en deux temps, d'abord en accompagnant la critique à laquelle se livre la philosophe américaine, ensuite en s'en démarquant.

Quand un enfant naît, le premier énoncé « c'est une fille ! c'est un garçon ! » dépasse largement le simple constat, il emporte avec lui une masse de représentations en rose ou bleu qui précède parfois de quelques siècles, voire de quelques millénaires l'enfant qui vient de surgir, lui traçant, dans les sociétés les plus traditionnelles, un destin social auquel il ne pourra que se soumettre. Nulle culture, aussi démocratique soit-elle, qui n'anticipe et ne contribue à déterminer la vie du nouveau venu en fonction de son sexe. L'assignation de genre ne se contente pas d'enregistrer, elle « performe », elle fait exister ce qu'elle nomme. Le genre est un « effet de langage », et c'est d'abord contre le langage qu'il convient de mener le combat politique contre la hiérarchie des sexes ou des choix sexuels. Le passage au neutre des crèches suédoises est un exemple parmi bien d'autres de ce qui se multiplie aujourd'hui dans le monde occidental. C'est à la rigueur le premier mot, « fille » ou « garçon », qu'il faudrait pouvoir empêcher. Monique Wittig, pionnière des études sur le genre, en avait fait la suggestion. Un enfant naît, il choisira son genre, voire son sexe plus tard.

L'homme qui surjoue, même à peine, sa masculinité (sans qu'il soit nécessaire d'aller jusqu'à la Harley-Davidson), ou la femme qui en rajoute, ne serait-ce que d'un faux cil, dans la féminité, ne révèlent-ils pas, tout autant que la « folle » la plus extravagante ou la *butch* la plus carrée, le jeu du genre, le jeu dans le genre ? S'il y a une vérité du travesti, c'est d'exhiber la nature imitative du genre. « Quand je suis déguisée en fille, dit cette jeune patiente lesbienne dans une remarquable condensation, je suis canon. » Toute position sexuelle affichée est une comédie qui laisse en coulisses ce contre quoi elle tient tant à se démarquer. Si de toutes les positions l'hétérosexualité est la plus comique, c'est qu'elle ignore n'être qu'une position parmi d'autres et qu'elle se prend pour la norme. Si l'hétérosexualité doit se réélaborer, se reproduire elle-même rituellement en tout lieu, c'est bien que la nature n'y pourvoie pas et qu'elle doit surmonter le sentiment de sa propre fragilité constitutive. Comment expliquer une telle fragilité ? « C'est au fond une manière assez curieuse d'être au monde. Car enfin, comment se fait-il – Freud se pose la même question dans les *Trois essais* – que cet être polymorphe, ou du moins bisexuel, organise sa sexualité de manière à la centrer exclusivement sur les membres du sexe opposé et avoir avec eux des relations sexuelles génitales[1] ? »

De la critique du genre à celle du sexe, il n'y a qu'un pas, nécessairement franchi. Le travestissement qui œuvre le genre n'imite aucun original. Le genre est une « imitation qui produit la notion même d'original comme *effet* et conséquence de cette imitation[2] ». Autrement dit, le sexe n'est pas un morceau de nature originel dont le genre serait la traduction culturelle. Certes le corps existe, mais il est lui-même « le produit d'une histoire sociale incorporée ». La dénaturation n'épargne pas le sexe lui-même. Le genre est la construction sociale du sexe et il est impossible d'accéder à ce dernier sans passer par le premier. Le

1. *Ibid.*
2. J. Butler, *Marché au sexe, op. cit.*, p. 154.

programme politique ne demande qu'à suivre, par exemple celui que propose la loi argentine, qui lève définitivement l'obstacle de la nature et permet à chacun d'opter pour *le genre de sexe* de son choix.

Une phrase de Freud des *Trois essais* est volontiers citée par Butler et quelques autres : « Du point de vue de la psychanalyse, l'intérêt sexuel exclusif de l'homme pour la femme est aussi un problème qui requiert une explication et non pas quelque chose qui va de soi[1]. » Pourquoi après tout l'hétérosexualité ? Ce n'est pas en psychanalyse que l'on peut en fonder le privilège. Ici commence le malentendu, voire le contresens. Freud critique toute naturalité du choix d'objet, mais il en soutient tout aussi fermement le déterminisme. Même si le mot « choix » est ambigu, il ne consiste en aucune façon en une libre disposition offerte au sujet. Quelles que soient les concessions faites par Judith Butler au déterminisme inconscient, au poids de l'histoire, à l'enracinement dans la première enfance des destins psycho-sexuels, le rêve demeure d'une liberté conquise qui permettrait de s'émanciper de la première assignation de genre.

Pas un mot dans tout cela de ce qui constitue l'assignation de genre par l'inconscient des parents, soit l'objet même de la psychanalyse. Que le désir inconscient d'un ou des parents d'avoir une fille ne cède pas, alors même qu'un garçon vient de naître, et toujours le sexe psychique l'emportera sur le sexe anatomique dans la vie psycho-sexuelle du sujet, que celle-ci prenne ou non la forme d'une homosexualité. On naît fille, on ne le devient pas nécessairement. L'anatomie *imaginaire*, c'est le destin. Le déterminisme psychique inconscient est autrement moins plastique et déplaçable que le déterminisme social, même

1. Freud, *Trois essais sur la théorie sexuelle*, Gallimard, 1987, p. 51.

si l'existence de la psychanalyse et l'espoir de changement sur lequel elle repose, laissent ouverte une marge de négociation.

L'inconscient ne se contente pas d'opposer son conservatisme à la liberté de genre, il est aussi politiquement incorrect. Combien de défenseurs des grandes causes puisent le plus fort de leur énergie dans des formations réactionnelles ? De l'égalité en général, Freud fait une maxime sans illusion : « Si je ne peux être le privilégié que personne ne le soit ! » Il n'y a aucune chance de rencontrer dans l'inconscient une quelconque égalité entre les sexes ou les orientations sexuelles. L'inconscient du plus démocrate des hommes ignore la parité, l'inconscient de la plus féministe des femmes ignore l'égalité. Ce qui les fait penser l'un et l'autre n'est pas ce qui les fait jouir.

Deux mots souvent cités permettent de préciser les écarts : polymorphie et bisexualité. Le premier est aussi caractéristique de la sexualité infantile que de l'infantilisme de la vie sexuelle adulte. Le nouveau-né affamé cherche le lait, lui arrive un sein qui mélange tout, l'aliment et le plaisir (parfois jusqu'à l'orgasme de la nourricière). La bouche du nourrisson se saisit très vite de la complexité de l'offre, joue avec le téton avant de le mordre quelques mois plus tard, sans plus se préoccuper d'ingurgiter. Il était affamé, il devient insatiable, l'instinct a cédé la place à la pulsion. D'anorexie en gourmandise, de fellation en cunnilingus, de logorrhée en rouge à lèvres, il arrive que la bouche reste pour la vie le sexe par excellence, mais c'est alors parce que la *fixation*, celle qu'impose la violence inconciliable de la chose psychique, a triomphé de la plasticité polymorphe. Ce qui est vrai de la bouche l'est pour chaque recoin du corps, au gré des vies singulières et de la cartographie des plaisirs et déplaisirs que tracent les échanges passionnés avec les premiers objets. On devine la tentation idéologique, celle de transformer cette polymorphie en une liberté de multiplier les sexes bien au-delà de deux. L'idée n'est pas complètement fausse, la chorégraphie des préliminaires en illustre quelque chose, celle d'une plasticité du sexuel infantile qui ne se laisse pas arrêter par un quelconque primat du génital. Mais c'est faire l'impasse sur l'essentiel : pas de plaisir sans déplaisir, pas de satisfaction sans angoisse, pas d'accomplissement de désir sans symptôme, pas d'inventivité sans destructivité... Pas de vie psychique sans conflit, pas de Psyché sans inconscient, cette part en chacun de nous de l'inacceptable et contre laquelle le moi se défend comme il peut : par refoulement, clivage, forclusion. Lorsque la réalité psychique a largué toutes les amarres et triomphé de tous les conformismes, c'est que règne la détresse de la psychose et non la liberté de l'hédonisme.

La bisexualité n'est pas une réduction de la polymorphie à la dualité, c'est un autre point de vue qui se surimpose au premier, au mépris de la contradiction. La vie psycho-sexuelle ignore la contradiction, sauf parfois pour le névrosé obsessionnel, quand sa folie du doute transforme la contradiction en zone érogène. Pourquoi un seul sexe et pas les deux ? La bisexualité ne dénie pas qu'il y ait deux sexes, elle les cumule. Elle ne méconnaît pas leur différence, elle en joue. L'infléchissement lacanien a voulu la réduire au refus de la castration, une idée que l'on ne trouve pas chez Freud. Un tel refus ne manque effectivement pas de se faire entendre (ne faire qu'Un, réunir les deux sexes séparés, effacer le manque du sexe que l'on n'a pas), il est bien loin d'épuiser la complexité de la bisexualité, qui est aussi celle du fantasme de scène primitive. L'agent d'un tel fantasme n'est pas seulement le témoin passif de la « nuit sexuelle[1] », il s'identifie aux deux protagonistes, il *est* l'un et l'autre. On pourrait s'attendre à ce que la thèse freudienne d'une bisexualité générique comble l'attente de Judith Butler, il n'en est rien : « Le problème que me posent les vues de Freud sur la bisexualité, c'est qu'il s'agit en fait d'hétérosexualité. La part féminine veut un objet masculin, et la part masculine un objet féminin. Splendide ! Nous avons là deux désirs hétérosexuels, et nous allons donner à cela le nom de bisexualité. Non, je ne peux pas accepter ça[2]. » La bisexualité ça ne fait que deux, toujours les mêmes, et en plus l'un ne va pas sans l'autre. On le devine au ton de Butler, le propos engage tout autre chose que la théorie. Même si l'inacceptable n'est pas explicite, il paraît bien résider dans la non-reconnaissance d'un désir homosexuel qui ne devrait rien, sinon à personne, en tout cas rien à l'*autre* sexe. Ce point est capital, qui démarque la psychanalyse d'études sur le genre, intriquant toujours plus ou moins le fantasme sous-jacent et son habillage idéologique. Pas une scène psychique d'homosexuel, homme ou femme, où l'*autre* sexe n'impose sa présence, son exigence ; qu'il soit mimé, anus versant missionnaire ou godemiché ; ou qu'il soit fui comme la peste. La scène psycho-sexuelle de l'homosexualité est peut-être encore plus *heteros* que la scène hétérosexuelle, tant l'autre sexe y redouble d'altérité. Côté femme, c'est moins le godemiché qui souligne la présence de l'autre que le refus violent, chez certaines, de la pénétration, au profit d'une érotique de la surface. Côté homme, l'*horror feminae* se nourrit bien souvent d'une représentation du sexe féminin assimilée à une blessure à

1. Titre du livre que Pascal Quignard consacre à la scène primitive, Flammarion, 2007.

2. *Humain, inhumain*, *op. cit.*, p. 26.

vif, mais l'image *autre* d'un abysse aussi insondable que dangereux, ou d'un *dark continent*, ouvre sur une figure du féminin qui déborde la réduction à la castration.

L'anatomie *imaginaire* c'est le destin, le sexe psychique prévaudra toujours sur le sexe anatomique... Jusque-là, on peut concéder au constructivisme des théories du genre que le corps, le sexe n'échappe pas à l'activité symbolique et qu'il ne nous est pas accessible en deçà de l'ordre de la représentation. Le moment délicat est celui où la théorie se fait idéologie, quand le performatif finit par se convaincre de la magie de son propre pouvoir et que le langage se croit seul au monde. Impossible de simplement rapporter le sexe anatomique à un accident corporel négligeable. L'énoncé « c'est un garçon, c'est une fille » suit une perception visuelle. La vue du sexe préside à la nomination du genre. Merleau-Ponty, et bien d'autres avant lui, ont montré l'impossibilité d'isoler l'événement de la perception de l'expérience humaine dans laquelle elle s'insère. Il n'y a pas de perception naïve, pas de voir qui ne soit informé par un monde symbolique qui le précède. Le serpent et la méduse sont là bien avant la perception du sexe de l'enfant qui vient de naître. La chose vue est-elle à circoncire, à exciser, à caresser, à ne pas toucher, à montrer, à cacher ? Et celui qui ne voit *rien* quand il voit une vulve n'est pas juste un myope mais un homme que l'angoisse de castration aveugle. Mais aussi lesté de représentations soit-il, l'événement de la perception visuelle demeure. *Jamais l'assignation de genre n'abolira le hasard de ce qui vient d'être vu.* Paradoxalement, c'est la sidération et l'angoisse qui saisissent le parent de l'enfant hermaphrodite, quand ce qu'il voit est indécidable, ni garçon ni fille, qui indiquent en négatif la dette psychique définitive à la dimension proprement visuelle de la perception. La chose vue peut être reconnue, refusée ou déniée, son impact n'est certainement pas moindre quand le traitement psychique est plus hallucinatoire que perceptif. Et s'il en est un qui se soumet corps et âme à la « réalité » de la perception, jusqu'à en opérer la négation, c'est bien le transsexuel. De la même façon que le fantasme emprunte à la réalité les ingrédients dont il se compose, ou que le rêve se construit à partir des restes diurnes, l'imaginaire qui dessine notre anatomie est aussi l'héritier d'une perception. Que cette première perception soit le fait d'un autre (adulte) la constitue en une expérience particulièrement complexe... « C'est un garçon, c'est une fille... », il n'y a pas de troisième énoncé possible.

Pour conclure, étudions deux figures cliniques. Axelle cultive la bisexualité presque à parité, ce qui n'est pas si banal. Si la démocratie y est pour quelque chose, c'est en ce qu'elle permet à l'adulte d'aujourd'hui de vivre des moments sexuels avec un homme ou avec une femme, voire avec les deux en même temps, sans que la « civilisation s'effondre ». Le monde, comme le dit Lévi-Strauss, « ne s'en porte pas plus mal ». La plasticité psychique d'Axelle concerne sa vie psycho-sexuelle, notamment sa créativité professionnelle, bien au-delà de la sexualité au sens commun du terme. Elle ne la prive en rien de la force d'aimer, ni de l'angoisse de la perte d'amour ; la déplaçabilité pulsionnelle n'est pas le simple contraire de l'investissement électif d'un objet, *un-seul*, qui caractérise l'amour. La vie psychique n'est pas binaire. Vue de loin, Axelle n'est pas loin d'accomplir le rêve des *gender studies*, celui d'un libre passage d'un genre à l'autre. Vue de près, de l'intérieur de l'analyse, tout autre chose... sa bisexualité, mise en scène aussi bien avec un homme qu'avec une femme, et non distribuée entre l'un et l'autre, *ne lui laisse aucun choix*. Ou plutôt lui impose le sien. Sa détermination inconsciente puise à la force relativement symétrique de ses investissements et de ses identifications œdipiennes. À chacune de ses positions sexuelles, elle est plus assujettie qu'elle n'en est l'auteur, quoique cela lui convienne tout à fait et que sa bisexualité ne sollicite aucune réforme.

Claude est une figure clinique historiquement, ou culturellement, plus récente. Les femmes bénéficient de longue date de la possibilité de vivre quelque chose de l'entre-femmes, que l'intimité partagée s'en tienne à la salle de bains, ou que tendresse et sensualité se donnent plus libre cours. La possibilité pour un homme, principalement hétérosexuel, d'éprouver quelque chose de son homosexualité au-delà de l'issue ordinaire de l'amitié, est une liberté plus fraîchement acquise et encore mal assurée. Claude a une femme, des maîtresses et s'autorise de temps à autre un passage nocturne par un bar gay, jusqu'à l'acte sexuel. Là encore, impossible de confondre cette liberté offerte par l'évolution des mœurs avec une libre disposition psychique de l'identité de genre. Un même fantasme de rabaissement de la femme, dont Freud fait une donnée quasi générique de la sexualité masculine, ordonne les différentes vies sexuelles de Claude. Le fantasme en question réunit la Madone et la putain, d'un côté la déesse mère, de l'autre la mère de la « nuit sexuelle », aussi inséparables l'une de l'autre que Marie et Madeleine ou les deux faces d'une même médaille. L'épouse de Claude, la mère de ses enfants, joue le rôle de la première ; les maîtresses « peu raffinées » donnent chair à la seconde. Les maîtresses… et Claude. Partenaire sexuel d'un homme, il occupe sur la scène la position de la femme rabaissée, sodomisée. Sa plasticité psychique lui permet le jeu identificatoire, l'échange des places. Elle s'arrête en revanche devant la fixité contraignante du fantasme et son scénario immuable.

★

Celle qui est « canon » quand elle se déguise en fille, dit encore : « Je ne suis pas une fille, je ne suis pas un garçon, je suis lesbienne. » Fille, garçon, gay, lesbienne, butch, fem, intersexué, asexué, transexuel, transgenre, drag queen, drag king… le genre recouvre le sexe, la multiplication des genres, le passage de l'un à l'autre, noient la dualité des sexes dans une diversité qui se veut subversive et réjouissante, et espère rendre quelque peu ringarde la bisexualité elle-même. Le programme est politique, il avance de conserve avec les modifications anthropologiques, juridiques dont les démocraties occidentales sont aujourd'hui le théâtre. La psychanalyse, elle, n'a pas de programme. Ne pas désirer pour son patient ce qui serait son « bien », fait même partie des conditions constitutives de la position analytique. Ce n'est pas une question de morale, c'est une question de méthode.

Tant qu'il s'agit de s'accorder sur le caractère dénaturé de l'humaine sexualité et la critique du privilège hiérarchique concédé à l'hétérosexualité, la psychanalyse se retrouve sur le même terrain que les *gender studies*. Mais le fossé se creuse dès que la chose psychique est envisagée d'un peu plus près, dans ce qu'elle a de primitif. L'inconscient n'est pas démocratique et n'a aucune chance de le devenir : soumission, domination… lui vont à merveille. Il en jouit. L'égalité lui est inconnue. Les comportements sexuels adultes varient au gré des époques et des cultures. Par contre il n'y a pas de traitement social ou politique du sexuel infantile, de ce qui fait l'objet de la psychanalyse. Le programme « défaire le genre » bute sur l'infantilisme de l'inconscient. Il n'est pas sûr que la psychanalyse ait quelque chose à gagner à intégrer le mot « genre » à son appareil théorique ; « sexe psychique » est plus proche de l'expérience analytique, « genre » manque précisément un peu de « sexe ». L'égalité homme/femme est un acquis (relatif) du monde dans lequel nous vivons, mais le fantasme évoqué du rabaissement de la femme, ce fantasme dérivé de la scène primitive, s'entend dans les mots de l'analysant ou de l'analysante sans avoir pris une ride. On pourrait dire la même chose du fantasme de viol, du fantasme fétichiste et de bien des fantaisies. L'enfer ce n'est pas les autres, il loge à domicile.

Quel genre de nature ?

LAURENCE KAHN

Comme le soulignait Jacques André dans son introduction, pour Judith Butler, « le sexe n'est pas un morceau de nature originel dont le genre serait la traduction culturelle. Certes, le corps existe, mais il est lui-même “le produit d'une histoire sociale incorporée” ».

En vérité, dans la virulente controverse qui a opposé aux États-Unis l'approche psychodynamique de Stoller et le behaviorisme endocrinologique de Money, le rapport de l'identité sexuelle à la nature occupait déjà une bonne part de l'argumentation. En disjoignant le « sexe social » et la « biologie objective » du sexe, tantôt on accordait la priorité aux traits de base que sont les organes génitaux perceptibles, c'est-à-dire l'anatomie – produits par des mécanismes biochimiques dont la cause est dite « réelle » ; tantôt on donnait la prévalence au conditionnement social, en l'assortissant éventuellement d'une « imprégnation fondatrice », telle celle que Money emprunte à Konrad Lorenz. Ce qui dans le débat actuel demeure : tantôt on considère que la nature commande et que la culture suit ; tantôt, à l'inverse, que la culture commande et que la nature suit.

Ainsi, pour Stoller, il existait deux *sexes* : l'un mâle, l'autre femelle, déterminables selon les chromosomes, les organes génitaux internes, les hormones et les caractères sexuels secondaires. En revanche, l'identité de genre commençait « avec la connaissance et la perception conscientes ou inconscientes que l'on appartient à un sexe et non à l'autre[1] ». *Genre* s'inscrivait donc dans un réseau de connotations psychologiques et culturelles. L'*identité*, elle, se rapportait à l'appropriation subjective du « rôle » de genre, en appui sur « l'organisation des composantes psychiques qui doivent préserver la conscience que l'on a d'exister ». À ceci près que Stoller ajoutait à l'identité de genre, qui régit le rôle social, ce qu'il nomma plus tard le « noyau de l'identité de genre » : noyau plus profond, constitué de l'entrecroisement de l'anatomie sexuelle, de l'assignation du sexe, de phénomènes biopsychiques, d'endo-perceptions mais, également, d'une « force biologique ». Cette force, peut-être issue du cerveau fœtal (ajoutait Stoller), aurait expliqué que certains garçons, ayant l'apparence de filles et élevés comme des filles, aient toujours voulu être garçons et se révèlent l'être à la puberté. Dans ce périmètre, non seulement la position stollerienne excluait de la formation de l'identité sexuelle le jeu conflictuel des identifications aux figures parentales, mais elle faisait appel à la notion de *self*, racine de l'unité narcissique du sujet et de son « identité personnelle » – lesquelles réclamaient *in fine* la nature sous forme d'une « force biologique » pour assurer la jointure entre sexe et identité.

Jean Laplanche, dans son article « Le genre, le sexe, le sexual », ne manque pas de souligner la manière dont Stoller, éliminant toute forme de conflictualité[2], fait coïn-

1. R. Stoller (1968), *Recherches sur l'identité sexuelle*, trad. franç., Paris, Gallimard, 1978, p. 28-29, puis p. 13-14 ; ainsi que *Masculin ou féminin ?*, Paris, Puf, 1989, p. 30-31.

2. Laplanche, « Le genre, le sexe, le sexual », in *Sexual. La Sexualité élargie*

cider l'opposition freudienne entre le *constitutionnel* et l'*accidentel* avec l'opposition du *biologique* et du *psychosocial.* Au surplus, en pensant les phénomènes biopsychiques dans le cadre de la théorie symbiotique de Margaret Mahler, Stoller finit par assimiler purement et simplement symbiose et identification.

Or, ce qui intéresse Laplanche, c'est justement ce qu'il advient de la relation entre le genre (masculin/féminin), le sexe (avec sa double direction : anatomie visible et biologie) et le « sexual » (c'est-à-dire le sexuel polymorphe infantile, préalable à la différence des sexes) au regard de l'identification. Selon lui, le genre précède le sexe, et le sexe est organisé par le genre. Laplanche va à l'encontre d'un courant majoritaire en anthropologie sociale pour qui le sexe anatomo-biologique est premier, tandis que le genre « interprète culturellement » le sexe. Mais, aux yeux de Laplanche, ce que l'on entend par « interprétation », c'est-à-dire le problème de la « traduction », est fondamental. Le genre, selon lui, serait assigné de manière *énigmatique* au cours des quinze premiers mois, et ne serait fixé, c'est-à-dire « traduit » par le sexe, qu'en un temps ultérieur. Il en serait donc ici comme de l'ensemble des messages adressés à l'*infans* par ceux qui l'entourent. Constitués d'un « ensemble complexe d'actes qui se prolonge dans le langage et dans les comportements significatifs de l'entourage[1] », les messages d'assignation de genre seraient porteurs d'un « bruit », d'une opacité émanant des souhaits inconscients du socius proche. L'identification *comme* garçon ou *comme* fille *par* le père et la mère serait donc infiltrée, « compromise » par la sexualité infantile parentale

au sens freudien, Paris, Puf, 2007, p. 158 et p. 175-183 ; voir également *Problématiques II* : *Castration et symbolisations*, Paris, Puf, 1980, p. 33.

1. « Le genre, le sexe, le sexual », *op. cit.*, p. 167-173.

– infiltration à laquelle la traduction par le sexe donne ensuite forme. C'est au sein de ce processus que la différence sexuelle anatomique, en tant que différence *perceptive,* intervient. Moins code que squelette d'un code, précise Laplanche, elle engage le complexe de castration et sa logique rigide : celle du zéro et du un, celle de la présence/absence, celle du « phallique/castré ». Au moyen de cette logique binaire, « le sexe » et « son bras séculier », le complexe de castration, tendent à refouler le sexuel infantile. À le refouler, et donc à le créer.

Or, le sexual, c'est-à-dire le refoulé, serait selon Laplanche ce que les féministes ignoreraient, ayant réintroduit « tout de go le "biologique" du "sexe" et ses "contraintes" ». Outre *L'Anatomie politique* de Nicole-Claude Mathieu, Laplanche se réfère aux deux livres de Judith Butler – considérant que, même si *Ces corps qui comptent* tente de réviser *Trouble dans le genre*, Butler, même après correction, ne fait que s'aligner sur la position des féministes radicales qui « ont besoin du sexe pour le subvertir et le "dénaturaliser" en genre[1] ». Il y a matière à s'étonner, ne serait-ce que parce qu'il s'agit pour Judith Butler moins de *dénaturaliser le sexe* que de *dénaturaliser le genre* lui-même, en le privant de toute objectivité naturaliste. Disons en tout cas que sa critique des positions dites « essentialistes » ou « différentialistes » l'a premièrement conduite à se demander si le sexe n'était pas toujours déjà un genre, c'est-à-dire le produit d'une construction discursive[2]. Le rôle des normes est ici central puisqu'elles

1. *Ibid.*, p. 160-161.

2. J. Butler (1990), *Trouble dans le genre ; le féminisme et la subversion de l'identité*, Paris, La Découverte/Poche, 2005, p. 75 [désormais cité : *TG*] ; voir également J. Butler (1993), *Ces corps qui comptent*, Paris, Éditions Amsterdam, 2009 [désormais cité : *CQC*].

porteraient le système des « prescriptions », qui, en fin de compte, fixe la description de la différence des sexes elle-même. Dans la perspective de cet antiréalisme tranchant, de ce relativisme radical concernant la référence corporelle, Butler place fréquemment, mais non systématiquement, « sexe » entre guillemets – et ceci est loin d'être marginal.

La position de Judith Butler est donc différente de celle de Gayle Rubin. Dans la tentative de briser la « camisole de force du genre », Rubin, en effet, ne s'attarde sur aucune définition du sexe autre que biologique. Elle incrimine tour à tour Marx, les théories du patriarcat, les analyses de Lévi-Strauss qui affirment la solidarité masculine créée par le « don des femmes », Freud enfin qui, ayant transformé la loi morale en loi scientifique, a contribué à imposer la norme sexuelle. Grâce à lui, la psychanalyse s'avérerait bien plus qu'une théorie des mécanismes de reproduction des arrangements sexuels ; elle serait l'un de ces mécanismes mêmes[1]. Au centre du « maléfice de l'Œdipe » ainsi dénoncé par Rubin, Lacan trône, qui, en appui sur le symbolique lévi-straussien, a articulé la structure inconsciente du tabou de l'inceste avec la castration et la culture phallique. Un système qui, aux yeux de Gayle Rubin, veut légitimer l'hétérosexualité obligatoire et le tabou de l'homosexualité ; moyennant quoi elle prône non seulement l'éradication de l'échange des femmes mais l'abolition du genre lui-même.

Si Judith Butler conteste Rubin, c'est parce que, selon cette dernière, il existerait une sexualité avant la loi prohibitrice. Libre du joug des normes du genre, cette sexualité serait complètement ouverte à toutes les expressions. Or,

1. G. Rubin, « L'économie politique du sexe : transactions sur les femmes et systèmes de sexe/genre », *Les Cahiers du CEDREF*, n° 7, 1998, p. 3-81.

pour Judith Butler, « la loi produit *à la fois* l'hétérosexualité consacrée et l'homosexualité transgressive[1] ». De ce point de vue, « la loi juridique de la psychanalyse – le refoulement – produit et fait proliférer les genres qu'elle cherche à contrôler ».

C'est à cette charnière que constructivisme et « matérialisation » de l'assignation sont convoqués par elle. Dès lors que l'on ne pense pas que la « nature sexuée » ou le « sexe naturel » sont déjà établis dans un domaine prédiscursif[2] – telle une surface neutre, passive, sur laquelle la culture interviendrait –, le problème de ce que l'on entend par identité se présente nécessairement. Question aux yeux de Butler d'autant plus vive que le problème de la « politique de coalition » des femmes, impliquant au premier chef l'identité féminine, ne fait à ses yeux que reconduire la définition « essentialiste » de ce qu'est *La* femme.

Il faut donc, selon elle, déplacer les termes du problème et se demander par quelles voies les *pratiques régulatrices* de formation et de division du genre constituent la cohérence interne du sujet et l'identité de la personne. Dans ce contexte, le « sexe » est-il un de ces « concepts stabilisants[3] » grâce auquel chacun, aux prises avec son incohérence, organise la fondation illusoire de son identité ? Chacun et tous, à dire vrai, tant l'ajointement entre désir, pratique sexuelle, genre et sexe témoignent d'une « discontinuité » fondamentale. La construction de la différence des sexes serait donc avant tout destinée à résorber cette discontinuité, en s'offrant comme une matrice d'intelligibilité.

Le sexe, selon elle, est apte à jouer ce rôle parce qu'il peut aisément être substantifié grâce à l'« astuce performa-

1. *TG*, p. 168-171.
2. *TG*, p. 69, et *CQC*, p. 18.
3. *TG*, p. 83 *sq.*, p. 95, p. 111.

tive du discours » qui consiste à mobiliser l'Être. « Être homme », « être femme », se présentent comme des « substances durables », alors que ce ne sont que des réifications légitimant ultérieurement l'emboîtement pseudo-causal du sexe comme racine du genre. Pourtant, insiste Butler, la substance n'est jamais qu'un « effet de substance », produit par la force performative des actes. Elle s'appuie là sur le Nietzsche de *La Généalogie de la morale* : « Il n'y a point d'"être" caché derrière l'acte, l'effet et le devenir ; l'"acteur" n'a été qu'"ajouté" à l'acte – l'acte est tout[1]. » Ainsi, poursuit Butler, le genre est toujours un *faire*, et non la marque d'un sujet précédant ce faire.

De surcroît, la loi de la prohibition de l'inceste, telle que Lévi-Strauss l'énonce dans *Les Structures élémentaires de la parenté*, participe de l'illusion substantialiste d'un être-femme. Non pour la raison que Lévi-Strauss fait de la femme un simple terme relationnel entre les groupes d'hommes[2] ; mais parce que l'usage de la catégorie « femme » indique précisément que, pour lui, le sexe « naturel » précède l'instauration de la loi. Judith Butler s'appuie ici sur les travaux de Clifford Geertz pour montrer comment le cadre universalisant du structuralisme conduit à méconnaître la multiplicité des configurations culturelles que peut prendre « la nature ». Ainsi, quand Lévi-Strauss écrit : « l'émergence de la pensée symbolique devait exiger que les femmes, comme les paroles, fussent des choses qui s'échangent », ce « devait » se présente comme une nécessité historique, construite par inférence. Mais en réalité, souligne Butler, il s'agit d'une injonction, l'inférence fonctionnant sur un mode performatif. L'injonction de la Loi

1. *TG*, p. 96 ; Nietzsche, *La Généalogie de la morale*, Mercure de Freud, 1900, p. 65.

2. *TG*, p. 119, puis p. 123.

exogamique est, de la sorte, élevée en vérité universelle de la culture, dont l'efficace tient, en fait, à l'énoncé lui-même. D'autant que Lévi-Strauss considère que le désir de la mère ou de la sœur, c'est-à-dire le désir incestueux, au même titre que le meurtre du père et le repentir des fils, ne correspondent à aucun fait occupant dans l'histoire une place donnée : il s'agit d'un fantasme.

Judith Butler se réfère à Clifford Geertz. Elle aurait pu faire usage de *La Distinction de sexe* d'Irène Théry[1] qui montre parfaitement comment *Les Structures élémentaires de la parenté* mêlent deux projets en un : d'une part, une description, grâce à la méthode structurale, des systèmes de parenté tels qu'ils existent ; et, d'autre part, un postulat concernant l'origine symbolique de la société. Or, entre la méthode et le postulat, écrit Irène Théry, il y a un abîme logique. D'un côté, le travail de Lévi-Strauss a permis de débrouiller le rapport extrêmement compliqué entre les règles de descendance et les règles d'alliance, rigoureusement à l'œuvre dans les systèmes de parenté les plus divers. Mais, de l'autre côté, en considérant que, parmi toutes les règles sociales normalement vouées à la diversité, la seule qui possède un caractère d'universalité propre à la nature est la règle de la prohibition de l'inceste, Lévi-Strauss a non seulement produit un nouveau mythe des origines ; mais il a de plus procédé à un glissement entre la règle et la loi. Il a fait de la règle exogamique la Loi d'une contrainte coercitive, au sein de laquelle les femmes, comme les mots et les signes, sont échangeables. Moyennant quoi, dans l'énoncé de cette loi qui vaudrait comme origine symbolique de la culture, Lévi-Strauss confond le sexe comme attribut physique naturel et le « genre statutaire » attribué à

1. I. Théry, *La Distinction de sexe. Une nouvelle approche de l'égalité*, Odile Jacob, 2007, p. 153-214.

chaque individu dans une relation. La partie théorique des *Structures élémentaires de la parenté* n'interroge à aucun moment ce qui sous-tend la distinction masculin/féminin.

Que les attributs pour distinguer les hommes et les femmes soient, sous la plume de Lévi-Strauss, substantiels, voilà qui n'a pas échappé à Judith Butler. Et ceci revêt à ses yeux une grande importance du fait de la référence constante de Lacan aux *Structures élémentaires de la parenté* quand il s'agit de penser l'ordre symbolique. Non qu'il faille, écrit-elle, rechercher chez Lacan quelque tentation ontologique. Le problème est plutôt celui des conséquences dès lors que « la signification de la Loi [fait] autorité et pos[e] la différence sexuelle comme une précondition de sa propre intelligibilité [1] ». Certes, pour Lacan, « il n'y a aucune réalité prédiscursive », « chaque réalité se fonde et se définit d'un discours » [2]. C'est donc, écrit Butler, à la structure elle-même qu'il faut référer l'instauration de la différence des sexes. Les deux positions – masculine et féminine – sont signifiées dans la mesure où « la division et l'échange entre le fait d'"être" et d'"avoir" le Phallus sont établis par le symbolique » tandis que le signifiant appartenant au Symbolique ne peut jamais être occupé par l'une ou l'autre position, si ce n'est symboliquement.

C'est par conséquent la « comédie hétérosexuelle » selon Lacan, qui retient ici l'attention de Butler. Et particulièrement la mascarade, c'est-à-dire ce que doit *faire* une femme pour *paraître* le phallus. En relisant après Lacan l'article de Joan Riviere « La féminité en tant que mascarade » et en croisant sa lecture avec « La signification du Phallus », elle rouvre donc la question du statut du manque. Si, en effet, pour atteindre ce *paraître*, la femme « rejette une part

1. *TG*, p. 127-131.
2. Lacan, *Séminaire XX, Encore*, séminaire du 9 janvier 1973.

essentielle de la féminité » ainsi que Lacan l'avance, la mascarade est-elle la conséquence d'un désir féminin qui doit être nié et donc transformé en manque ? Et la mascarade serait-elle le produit du déni de ce manque ? Ou bien la mascarade construit-elle la féminité en tant que reflet du Phallus, pour dissimuler les possibilités bisexuelles qui, sinon, risqueraient d'ébranler la construction d'une féminité hétérosexualisée [1] ? Qu'advient-il de la part rejetée, « forclose », « répudiée » ? De quelle perte le masque de la mascarade est-il le « refuge » ? Et comment la Loi parvient-elle à matérialiser, à « performer » l'assomption d'un sexe ?

À la jonction entre langage, genre et sexe, *Ces corps qui comptent* ne cesse ainsi d'interroger le cheminement de la matérialisation corporelle de la sexuation. Qu'il s'agisse du processus individuel, qu'il s'agisse de la « puissance d'agir » du social et de son injonction à l'appropriation contrainte des normes, ou qu'il s'agisse de la « puissance d'agir » visant la déstabilisation de ces normes, c'est chaque fois l'épineuse question du référent qu'est le corps, qui est abordée. Un problème de référent puisque, selon Butler, c'est la définition même du corps qui produit le corps que simultanément cette définition découvre [2]. Néanmoins la matérialité du corps résiste car, pas plus que la nature, elle n'est un matériau passif sur lequel agirait le psychisme. En ce sens, elle ne peut être tenue pour l'effet causal du psychisme. En revanche, on pourrait considérer que l'exigence même de dire provoque au sein du tissu culturel de l'expérience vécue « un site d'actions » : ce site d'actions serait ce sans quoi « aucune opération psychique ne [pourrait] avoir lieu », c'est-à-dire « ce sur quoi et par quoi le psychique opére[rait] ».

1. *TG*, p. 133.
2. *CQC*, p. 42, puis, pour les références suivantes, p. 79-83.

Mais de quelle action est-il ici question ? En vérité, elle a plusieurs valences dans le cheminement butlérien. Action de projeter une *morphè*, une forme complète de soi dans le « stade du miroir », elle est aussi action de l'aliénation de soi engendrée par la formation de cette complétude narcissique imaginaire. Butler voit, ici, dans le stade du miroir la réécriture de la présentation du « moi corporel » par Freud dans *Le Moi et le Ça*. L'autre action est celle en jeu dans l'identification telle que Butler la conçoit.

Pour ce qui est de la conception du narcissisme, on ne peut qu'être surpris de ce que, se référant à « Pour introduire le narcissisme », Butler n'en retienne que le retrait de l'investissement libidinal sur soi quand « l'âme se resserre au trou étroit de la molaire ». Du rôle de la douleur (et de la connaissance de nos organes à laquelle elle contribue selon Freud), Judith Butler tire une première conclusion : à savoir que la caractérisation initiale du narcissisme serait « négative [1] » ; c'est-à-dire que l'érogénéité serait d'emblée placée sous le signe de la souffrance et de la maladie. Par ailleurs, comme Freud écrit aussi qu'une partie du corps peut envoyer « dans la vie psychique des excitations qui l'excitent sexuellement », et comme Butler semble ignorer et *Les Trois Essais sur la théorie sexuelle* et le fait que ce processus n'est justement référé par Freud à aucune zone corporelle spécifique, elle ne retient que l'énoncé freudien suivant : « certaines parties du corps – les zones érogènes – [peuvent] remplacer les organes génitaux et se comporter de façon analogue à eux ». D'où elle tire une seconde conclusion : à savoir que, par substitution, « le trou béant dans la bouche, la panoplie de maux physiques et hypocondriaques, sont synthétisés et résumés par le modèle des organes génitaux ». Des parties génitales supposées

1. *CQC*, p. 70-77, pour cette citation et les suivantes.

mâles, ajoute-t-elle, dont les zones érogènes sont finalement présentées comme des substituts. Moyennant quoi elle avance que « les organes génitaux mâles deviennent soudain [sous la plume de Freud] le site originaire de l'érogénéisation ».

Freud ici « s'empêtre[rait] ». Pas sûr, quand on lit ensuite l'interprétation de la molaire et de son trou comme une pénétration elle-même perforée. Arguant des « efforts de Freud pour assimiler la figure du trou douloureux de la molaire au pénis comme prototype, puis comme phallus », alléguant ensuite une supposée suggestion de Freud selon laquelle la « représentation de la sexualité comme une maladie est symptomatique de la présence structurante d'un cadre moralisateur de la culpabilité », considérant enfin que tout processus d'identification à l'objet perdu est de l'ordre de l'incorporation mélancolique, elle peut enfin articuler plaisirs punissables (les plaisirs homosexuels), sites de douleur incorporés et culpabilité.

L'opération butlérienne est donc double. Premièrement, l'affaire du trou, de l'excitation et des organes génitaux lui permet de rapporter toute forme de plaisir tout à la fois à la douleur et au pénis, référent anatomique du phallus. Et, deuxièmement, la douleur devient l'un des vecteurs de la projection du moi corporel, qu'elle confond avec la morphologie sexuée. À la charnière entre les deux, l'incorporation de l'objet d'amour homosexuel – objet primaire dont la perte est innommable – s'effectue à même le corps, dans la surface anatomique. Cette surface semble, certes, aller de soi. Et pourtant, il s'agit d'une surface corporelle produite par projection psychique, la délimitation de la morphologie sexuée s'effectuant, selon Butler, par exclusion. Ce qui a été exclu (l'amour homosexuel tout à la fois renié et incorporé) demeure sur la frontière, à l'état de fantôme.

Au terme du parcours butlérien, le moi est donc devenu un moi producteur du corps, alors que pour Freud, rappelons-le, c'est le corps qui est producteur du « moi corporel » – si tant est qu'un tel raccourci soit admissible ; je renvoie ici au travail si précis de Françoise Coblence[1].

La lecture de Lacan validerait selon Butler cette interprétation. Même si pour celui-ci, le schéma morphologique est imaginaire, en fait, le pénis devient phallus du seul fait qu'il est mobilisé par l'image narcissique[2]. Ce que « dénie » Lacan qui fait du phallus « un signifiant privilégié ». Mais justement, aux yeux de Butler, ce « déni » est constitutif de la « performance théorique » où le phallogocentrisme prend sa source, c'est-à-dire là où les désaveux engendrent l'idéalisation du phallus. Raison pour laquelle, ajoute-t-elle, le phallus a été « excommunié de l'orthodoxie féministe » au motif qu'il manifesterait le caractère insurmontable des identifications hétérosexistes. Or, pour elle, la resignification lesbienne du phallus serait justement en mesure de déstabiliser les morphologies aussi bien « masculines » que « féminines ». Ne serait-ce que parce que la binarité symbolique et disjonctive (« avoir » ou « être » le phallus) finit toujours par nous ramener au manque, lequel est *in fine* perceptuellement relié à la présence ou l'absence du pénis. La « forclusion » de cette corrélation anatomique se conjuguerait donc, une fois encore, avec le déni et la « préservation mélancolique » de l'homosexualité. Et que Freud introduise dans la bisexualité la notion de « prédispositions » sexuelles, confirmerait combien les corrélats intentionnels de ces

1. F. Coblence, « La vie d'âme. Psyché est corporelle, n'en sait rien », *Revue française de psychanalyse*, n° 74, 2010/5, p. 1285-1356.

2. *CQC*, p. 89-97, pour cette citation et les suivantes.

prédispositions, prétendument « naturelles », sont hétérosexuels[1].

Jacques André soulignait précédemment que « quelles que soient les concessions faites par Judith Butler au déterminisme inconscient, au poids de l'histoire, à l'enracinement dans la première enfance des destins psycho-sexuels, le rêve demeure d'une liberté conquise qui permettrait de s'émanciper de la première assignation de genre. » J'aurais envie d'ajouter : l'au-delà du rêve n'est-il pas tout simplement de s'émanciper de l'impact si complexe, si obscur, du réel qu'est le sexe anatomique – cela même que Freud désignait jusque dans *Moïse* comme le « trauma » de la différence des sexes ? C'est en ce point exactement, me semble-t-il, que le performatif butlérien fait bien plus que façonner le « genre en tant qu'"effet de langage" ». L'énoncé qui « performe » incarne littéralement « la perte *sur* ou *dans* le corps ».

C'est au *Nouveau Langage de la psychanalyse* de Roy Schafer – et très précisément à la notion de fantasme « littéralisant[2] » – que Judith Butler recourt pour expliquer comment l'incorporation est un énoncé ayant la valeur d'un acte. Un énoncé qui agit de manière non-métaphorique ; qui, tout au contraire, prend l'agir de l'ensevelissement à la lettre. L'assimilation du désir au réel donne à croire, écrit-elle, que la surface sexuée du corps émerge comme le signe nécessaire d'une identité et d'un désir naturels. Mais, en vérité, cette assimilation est soutenue par l'immixtion subreptice des normes sociales régulatrices. Ce sont elles qui nourrissent la conviction que ce sont « les parties du corps – le pénis "au sens littéral", le vagin "au sens littéral" – qui donnent du

1. *TG*, p. 151-152.
2. *TG*, p. 161.

plaisir et font naître le désir[1] ». En fait, cette conviction est le produit d'une série ininterrompue d'actes corporels, au point que l'assomption de l'identité sexuelle pourrait « être, à l'extrême, l'effet hallucinatoire de gestes naturalisés ».

Une question se présente alors : le « sexe », produit du performatif, est-il assimilable à la réalisation hallucinatoire ? Que veut dire « geste naturalisé » ? Je sais que Butler n'envisage jamais le refoulement mais toujours la forclusion. Je sais aussi que, du pulsionnel, elle ignore tout – ce que d'ailleurs elle concède sans peine dans un entretien récent[2]. Reste qu'on peut interroger l'hypothèse d'une performativité telle que la matérialisation corporelle du genre en « sexe » émanerait de la répétition continue d'actes stylisés.

Qu'elle fasse usage de la réitération « citationnelle » des énoncés de la norme pour asseoir le pouvoir performatif du langage en se référant à Derrida, ne me paraît pas être le problème. Le problème est bien davantage le point d'application du performatif. On relèvera d'ailleurs le bémol lorsqu'elle écrit que la réitération de normes hégémoniques, productrice du « sexe », peut être interprétée « comme une *sorte* de performativité[3] ». Bémol nécessaire car, si le performatif produit ce qu'il déclare, d'un point de vue strictement austinien – Austin et sa théorie des

1. *TG*, p. 167 puis, pour la citation suivante, p. 36 (seconde préface à *TG*, 1999).

2. J. Butler, M. David-Ménard, B. Santos, S. A. Crevier-Goulet, N. Debs, E. Polverel, « Judith Butler et Monique David-Ménard : d'une autre à l'autre », *Évolution psychiatrique*, n° 80, 2015, p. 317-330 ; ici p. 323 : « …je réalise que je n'incorpore pas un langage sur les pulsions dans ma pensée de manière générale et je ne sais pas pourquoi. Il faut que je réfléchisse à cela, c'est une sorte de refoulement… ».

3. *CQC*, p. 117 (je souligne).

actes de langage étant également un auteur auquel Judith Butler se réfère – la reconnaissance nécessaire à l'action performative délimite en soi le domaine d'activité relativement restreint dans lequel le performatif est efficient : c'est-à-dire le domaine symbolique. Comme le montre clairement Bruno Ambroise, « le performatif est le produit d'une reconnaissance socialisée qui ne peut naturellement pas agir directement sur autre chose que le domaine institué par le jeu de cette reconnaissance sociale [1] ». Ainsi, l'acte de parole performatif portant sur l'identité sexuelle peut-il être conçu comme ayant une visée politique – ce que d'ailleurs Butler reprend avec la scène de l'interpellation d'Althusser.

Mais ce performatif ne « crée » rien de matériel, en tout cas sûrement pas le « sexe ». Il ne fait que définir normativement le genre, et réinstaurer constamment les significations qu'il véhicule sous la forme ritualisée de leur légitimation [2]. C'est donc là où Butler envisage la pratique citationnelle du « sexe », c'est-à-dire une répétition apte à matérialiser le genre en sexe, que le bât blesse. La sexuation des corps, mâle-femelle, ne dépend pas, ne dérive pas, ne peut pas dériver de l'action du langage. Ce qui dérive éventuellement de l'action du langage, ce sont les identités sexuelles dont la constitution procède des normes ou de leur déstabilisation.

On mesure ici le poids de la mise entre guillemets du terme « sexe » par Judith Butler. Car alors tout se passe comme si elle suspendait ou rejetait à la marge toute référence à la nature anatomique, alors même qu'une grande partie de son argumentation visant Freud et Lacan

1. Bruno Ambroise, « Judith Butler et la fabrique discursive du sexe », *Raisons politiques*, n° 12, 2003/4, p. 99-121, ici p. 115.

2. *TG*, p. 264.

a consisté justement à réinvestir l'anatomie sexuée de l'organe pénis, pour déceler le supposé tour de passe-passe autour du Phallus.

Alors, guillemets ou pas, pour sexe ? Autre manière de se demander : quel genre de nature ? Quel genre de réel ?

Tomber en-femme

VINCENT ESTELLON

Quel genre de sexe ? J'ai tout d'abord pensé présenter un cas issu de ma pratique analytique qui aurait permis d'exposer différentes étapes de la construction d'un destin homosexuel, à partir du cas d'un homme d'une trentaine d'années qui, en dépit de son auto-stigmatisation en tant qu'homosexuel, me semble présenter une forme d'homosexualité défensive sur fond d'une hétérosexualité contrariée, blessée. Un destin homosexuel qui l'interroge désormais, d'autant que depuis l'engagement de son analyse il se pose aussi des questions sur son identité d'homme hétérosexuel, retrouvant ici et là, au fil des associations, des émois amoureux anciens, vifs et passionnés à l'égard de femmes, de filles… qu'il commence à entendre des lapsus que fait de temps à autre sa mère, l'appelant Martine au lieu de Martin, « ma chérie » ou « ma pauvre », lorsqu'il lui confie les difficultés qu'il traverse. Cela, avant son analyse, il ne l'entendait pas. Il n'entendait pas non plus la dimension étrange que pouvait revêtir l'utilisation du « elle » pour parler du « lui » dans les groupes d'amis gays avec qui il sort fréquemment ; dans le style : « Tu l'as vue celle-là ? » – en parlant d'un malabar hyper musclé qui entrait dans un bar.

J'ai également songé reprendre certains éléments du

dernier livre de John Irving, *À moi seul bien des personnages*, dans lequel Bill, un adolescent tourmenté dans le choix de son orientation sexuelle, est attiré par des femmes adultes aux petits seins juvéniles, autant qu'il éprouve un béguin secret pour son beau-père ou certains camarades de classe, et en particulier ceux qui appartiennent à l'équipe de lutteurs. Lui, torturé par le caractère incertain et labile de ses attractions, se range volontiers dans la catégorie des « suspects sexuels ». Au fil du récit, Bill s'approche plus près de l'objet de son désir, Miss Frost – la bibliothécaire du lycée – qui s'avère avoir été en un autre temps, avant d'être une femme élégante, le plus grand champion de lutte de l'état du Vermont. C'est elle qui lui fait découvrir « La chambre de Giovanni » (*Giovanni's room*) de James Baldwin. Et l'on entend combien une lecture est parfois décisive dans le processus identificatoire. Au fil du livre de John Irving, des masques tombent, et l'on perçoit combien en contrepoint aux ressources créatives, excitantes et tourmentées de la psycho-sexualité, peuvent se construire des trompe-l'œil. Les livres ouvrent d'ailleurs sans le revendiquer bruyamment à la dimension transgenre : un lecteur *dit* homme peut s'identifier passionnément à un personnage féminin, devenant alternativement mère, femme désirante, duchesse de Guermantes, Agrippine, Cosette, ou Catherine M. Par les mots du livre, une *dite* femme peut devenir prêtre, Don Juan, Néron, détective, Baron de Charlus, Prince des Laumes… Lire met en jeu la mobilité des identifications sexuelles. La lecture d'*À la recherche du temps perdu* de Marcel Proust, est d'ailleurs riche de troubles quant au genre des prénoms féminins-masculins. De « Gilberte » à « André(e) », on en vient parfois à se demander si Robert ne serait pas un peu Roberte. Comme pour les images du rêve, les prénoms sont amenés à se déguiser et à faire jouer la dialectique du manifeste au latent. Roland Barthes note à propos de la métalinguistique des noms dans la *Recherche* : « Chaque nom a ainsi son spectre sémique, variable dans le temps, selon la chronologie de son lecteur, qui ajoute ou retranche de ses éléments, exactement comme le fait la langue dans sa diachronie[1]. » Ce pourrait être, dans un autre contexte, une assez bonne définition du genre. Bien heureusement, il n'y a pas encore de « livre pour femmes » et de « livre pour hommes » : le livre reste un *medium* du passage entre les sexes, instrument de culture pour approcher l'énigme de l'autre sexe. Je suis toujours triste lorsque je vois dans certaines librairies à la mode des livres de Genet, Guibert, Mishima, classés dans le rayon « littérature gay » : femme ou homme dits « hétérosexuels » auront-ils alors le désir de découvrir ces auteurs ? Le *lecteur* ne devient-il pas *mère de l'auteur* lorsqu'il écoute intérieurement, dans les tremblements de sa chair, la parole de celui ou celle qui le convoque, l'appelle ? Cette « maternité » fantasmatique du lecteur qui accueille le texte répond à la paternité des mots de l'auteur. Et que dire des rêves qui témoignent fréquemment de cette mobilité des identités de genre, en laissant découvrir d'autres sexes psychiques à la mesure des attractions et des répulsions éprouvées en période de veille ? Comme si cette question du genre, à l'instar des lapsus, oublis, actes manqués et des rêves, ne se découvrait que mieux dans le tremblement des ratés de l'activité volontaire et consciente et de l'identité sociale.

C'est précisément à partir d'un lapsus survenu récemment dans la cure d'une femme qui au lieu de dire « j'ai eu peur de tomber enceinte » a dit « j'ai eu peur de tomber en femme », que je me suis dit que le cas de Charlotte

1. R. Barthes, 1953, « Proust et les noms », *Le Degré zéro de l'écriture*, Paris, Seuil, « Points essais », 1953, p. 127.

entrait sans doute plus en résonance avec le jeu ambigu de l'intitulé : « Quel genre de sexe ? » Si Charlotte, dite « hétérosexuelle », ne présente pas au plan manifeste les caractéristiques comportementales d'un choix d'objet *homo, bi, trans*, pouvant s'inscrire dans le registre *queer*, il m'a semblé qu'au plan du sexe psychique, comme pouvait en témoigner son lapsus surprenant, elle donnait à entendre quelque chose de bien plus original et impertinent du point de vue d'*un genre de sexe particulier*.

Charlotte entre dans la quarantaine. Grande, élégante, le grain de sa voix grave rauque, mais pourtant veloutée, pourrait faire penser à celui d'une vieille actrice qui aurait beaucoup fumé, une voix plus âgée que son âge, me dis-je lorsque je la rencontre pour la première fois. Elle se déploie avec grâce, toujours très élégante, dégageant des parfums subtils qui accompagnent son arrivée et restent prégnants après son départ. Elle est belle et ne l'ignore pas. Sa vie professionnelle dans le monde de l'industrie est intense et occupe la plus grande majorité de son temps. Lorsqu'elle vient consulter, elle vit célibataire et, en dépit d'une réussite professionnelle incontestable, d'un nombre d'amants impressionnant, elle ne sait plus trop bien ce que va devenir sa vie de femme : va-t-elle enfin rencontrer un homme valable ? Va-t-elle devenir mère ? Pourquoi ses histoires d'amour se terminent-elles toujours de la même façon ? Pourquoi et comment en vient-elle parfois à s'arracher les cheveux secrètement, à se gaver de nourriture avant de se faire vomir, elle, une femme d'affaires si respectée et admirée dans le milieu qui est le sien ? Pourquoi ne fréquente-t-elle que des hommes homosexuels ? Cette donnée aurait-elle un rapport avec son célibat ? De Marc, son meilleur ami homosexuel, elle dit « c'est mon mari ». Elle dit se sentir très proche de lui, comme si elle aussi était un homme qui aimerait les hommes ; plus que femme hétérosexuelle, elle se vit comme un homme gay.

Au cours des premières séances, elle raconte comment, quelques années auparavant, elle a vécu avec un homme qu'elle a aimé passionnément durant quatre ans. Au moment où il, appelons-le Roméo, se sépare d'elle pour une autre, elle découvre attendre un enfant de lui. Enfant dont il ne veut pas, enfant qu'ils ont décidé de ne pas faire naître. Elle vit très mal l'avortement et en garde une profonde blessure. J'apprendrai plus tard que le secret qui entoure cet avortement n'a été partagé qu'avec son père, à qui elle dit s'être adressée en tant que médecin. Un secret médical dont elle est certaine que le père l'a tenu et qu'il ne l'aura pas partagé avec sa mère. C'est peu après cette mésaventure avec Roméo que Marc devient très rapidement son meilleur ami, son confident. Il est brillant, charmeur, bel homme, elle en est secrètement amoureuse. Les deux ne se quittent pas, travaillent ensemble, sortent ensemble, chassent ensemble les mecs en soirée, partent en vacances dès qu'ils peuvent, se racontent tout par téléphone ou par texto dès qu'ils sont séparés. Elle le décrit comme accro au sexe, parle de ces soirées où ce drôle de couple sort dans les bars *gay friendly* ouverts aux filles, et comment s'installe une concurrence entre eux : qui rentrera avec le plus beau ? Qui aura le meilleur tableau de chasse ? Lequel des deux se fera le plus de mecs ?

Elle réalise au fil des séances et des associations comment sa vie affective, sa rupture douloureuse (et son avortement) se caractérisent par une double configuration répétitive :

– Elle connaît régulièrement une histoire passionnelle avec un amant marié, pris, pour qui elle éprouve de l'amour. Et à chaque fois, elle croit en vain, qu'il quittera sa femme pour elle, ou bien qu'ils pourront former un ménage à trois… bref qu'elle pourra vivre entre les deux, aimée des deux…

- *Entre deux*, dit-elle, elle consomme des hommes comme elle pourrait fumer des clopes. Paradoxalement, elle reconnaît ne s'être jamais sentie aussi seule que dans ces périodes où elle consomme les hommes à la chaîne : elle vit alors son corps tout entier comme n'étant que solitude. Durant ces périodes, des symptômes de boulimie vomisseuse apparaissent fréquemment. Ces hommes semblent être traités comme des objets de consommation orale : « il y a des Noirs, ça, c'est quand j'ai très faim ; il y a les réparateurs ou les livreurs, ça, c'est quand j'ai envie de faire sortir pupute ; il y a les mecs dans la rue qui guettent et savent reconnaître une femme qui drague, puis il y a les mecs de soirées pour ne pas rentrer seule. »
- À côté de cette série, il y a Marc, toujours Marc, avec qui elle compare la liste des conquêtes, Marc à qui elle a demandé – si elle n'a pas d'enfant à 40 ans – un don de son sperme, avant qu'il ne soit trop tard. Progressivement, elle ne fréquente plus que des amis gays. Elle part en vacances avec eux. Raconte comment elle se sent bien au milieu de ceux qu'elle appelle avec tendresse « ses petits chapons », « qu'il y a du bon à être une fille à pédé » : c'est drôle, elle s'ennuie avec les autres (sauf pour la baise). C'est un peu comme Blanche Neige avec les sept nains, « ils sont gentils, ils ne lui veulent pas de mal ». Elle dit se sentir bien, comme « entre sœurs », avec ces hommes qu'elle appelle aussi « les garçons » et n'hésite pas à évoquer des scènes où – en parlant de l'un ou l'autre –, elle dit « elle », « celle-là ». « la Laurence » pour Laurent, « la Viviane » pour Vivien. Lorsqu'à une ou deux reprises, je répète avec un ton interrogatif : – elle ? (au lieu de « il »), Charlotte banalise : elle ne ferait que mimer leur façon de parler. Je remarque qu'à chaque fois qu'elle travestit dans sa parole un homme en femme, c'est pour le ridiculiser. Ce *elle* au lieu de *il* est souvent péjoratif, rabaissant.

Au plan des conduites sexuelles, les hommes en série servent généralement de pénis utilisable et jetable, et occasionnellement de corps virils à pénétrer analement à l'aide de *sex-toys*. C'est un de ses jeux préférés de « retourner des queutards ». En ceci, elle rivalise avec Marc dont le jeu préféré est de rendre « passifs » des hommes homosexuels (ou parfois hétérosexuels) qui se définissaient comme « actifs ». Le vocabulaire qu'elle utilise pour évoquer ces usages laisse entendre un déplacement de l'anus au vagin : elle parle trivialement de leur « chatte » pour évoquer leur anus. Avec les hommes mariés, elle se sent beaucoup plus femme. Elle en souffre d'ailleurs trop. C'est à peu près le paysage qu'elle dessine au cours des premiers mois de son analyse. Très pragmatique, évoquant parfois en surface les descriptions d'un fonctionnement opératoire, elle regrette souvent de ne pas être un robot sans émotions ni affects. Je suis souvent surpris par le contraste entre sa présentation si élégante, souriante et féminine, et cette rigidité intérieure renfermant secrètement une souffrance indicible, se percevant peut-être seulement durant la première année de sa cure dans certaines variations du rythme, du timbre et du grain de sa voix, comme si parfois elle était à la limite de s'étrangler dans un flot de larmes qui ne parviendrait pas à s'exprimer.

En relisant l'article de Freud, « Un type de choix d'objet particulier chez l'homme », je me suis demandé, la concernant, quelle configuration particulière pouvait se dégager de ses aventures répétitives, laissant coexister plusieurs courants :

- l'attraction passionnée et amoureuse pour des hommes mariés qui la laissent dans la position de tiers-lésé, et laissent surgir des affects de rivalité jalouse à l'endroit de la femme qui possède cet homme ;

- entre-deux, la consommation en série d'hommes de petite valeur (des « queutards ») qu'elle n'hésite pas à « retourner » pour les prendre comme des femmes (le courant sensuel) ;
- l'amour inconditionnel mais chaste pour Marc, le « mari psychique » (le courant tendre).

Une vie amoureuse clivée « selon deux directions que l'art personnifie en amour céleste et amour terrestre (ou animal)[1] », où se rejouent des enjeux œdipiens extrêmement vifs. Marc, comme son père, est médecin, Marc, comme son père, est macho, sinon misogyne. Au fil des séances, au gré des associations et de la transformation de son écoute, son discours commence à changer : elle s'interroge sur ces féminisations dans le groupe. Elle commence à se demander si la fréquentation assidue de sa bande n'en vient pas à l'éloigner de son désir de trouver un homme avec qui elle pourra construire une famille.

Un jour, en arrivant, elle s'allonge sur le divan en s'exclamant : « je crois qu'il est temps que je ne vois plus votre tête d'homme car j'ai besoin de dire des choses de femme ». Peu à peu, sa parole devient moins rigide, moins séductrice, moins certaine, plus introspective, plus proche du conflit d'ambivalence, plus sensible au choix des mots et à leur polysémie. Le vocabulaire habituellement utilisé pour décrire ses aventures sexuelles fait l'objet d'une écoute nouvelle : le verbe « chasser » par exemple, elle l'utilisait sans objet comme synonyme de « draguer », un jour elle dira « mais chasser quoi ? Chasser des hommes, chasser un homme ? » Elle entend que chasser, c'est aussi tuer (pour manger) ou même expulser. Le « Ça mord ou ça mord pas » est associé à la technique de pêche, elle retrouve

1. S. Freud (1910), « D'un type particulier du choix d'objet chez l'homme », *La Vie sexuelle*, Paris, Puf, 12e éd., 1999, p. 59.

des souvenirs délicieux de pêche avec son père : elle tenait sa canne à pêche, était fière quand ça mordait. Des hommes consommés en série entre deux passions amoureuses, elle parvient à entendre « entre eux deux » (même si elle n'a jamais lu J.-B. Pontalis). Et la surprise est exquise, elle commence à se souvenir de ses rêves qu'elle prend plaisir à déchiffrer en séance : *le rêve du donjon* – qu'elle prononce *Don Juan* : le groupe est parti en vacances en Italie, ils se trouvent dans une ancienne seigneurie fortifiée. Alors que les garçons dorment *en bas*, elle est fière car elle habite le *donjuan*, *en haut*, dans la tour dressée entourée de remparts... Elle commence à désinvestir cette bande ; d'ailleurs Marc est en couple, elle en est très jalouse, découvre quelque chose de la solitude, moins dans la détresse que dans une forme de renoncement, et est contente car elle recommence à lire, elle qui depuis la fin de l'adolescence n'y parvenait plus.

Récemment, elle a lu le roman *Lady L.* de Romain Gary. Le destin d'une fillette mal née, mais très belle, qui deviendra prostituée, maîtresse d'un anarchiste révolutionnaire (terroriste, poseur de bombes, tueur de rois) et qui terminera sa vie au sommet de l'aristocratie britannique, respectée et admirée dans toutes les cours d'Europe. Le jour de son 80ᵉ anniversaire, alors qu'elle est déjà veuve depuis longtemps, entourée de sa cour, de sa famille jusqu'à ses petits-enfants, et que la Reine elle-même lui a fait part de ses vœux, pour réfléchir avec humour sur ce qu'a été sa vie, elle décide de raconter sa vie d'anarchiste à un son plus vieux prétendant conservateur, le très prude Sir Percy, qui n'en croit pas ses oreilles. Lui proposant de se promener, elle lui raconte les étapes par lesquelles la jeune Annette Boudin, jeune catin de la rue Gire, a pu devenir Lady L. La promenade les amène tous deux, pas à pas, dans un pavillon privé situé tout au fond du parc. Dans ce pavillon en marge du château où s'entassent des vieilles affaires de son ancienne vie – et dont elle seule détient les clés dans un domaine comptant plus d'une centaine de serviteurs – elle lui raconte comment son amour passionné pour Armand Denis, l'a transformée en une redoutable anarchiste, impliquée dans de terribles attentats. On découvre comment, au moment où elle s'aperçoit qu'elle est enceinte d'Armand, alors courtisée par un aristocrate anglais aussi riche qu'original dans la façon qu'il a de vivre sa liberté, elle choisit de faire emprisonner Armand et de partir vivre en Angleterre. Elle a compris qu'elle n'aurait jamais de prise sur Armand aliéné à son idéalisme totalitaire, et que sa rivale « l'Humanité » passerait toujours avant elle, avant eux deux, et même eux trois. Elle devient Lady L. en se mariant à Lord Glendale qui reconnut l'enfant comme sien. Son existence d'aristocrate estimée ne cessa de croître. Lorsque bien des années plus tard – elle est déjà veuve –, Armand vient vers elle pour lui soutirer de l'argent afin de soutenir son action armée, elle organise un bal masqué afin que le butin du larcin soit démesuré. Dans une chambre, un voleur est découvert, la police intervient. Lady L. amène Armand dans son pavillon personnel au fond du parc dont elle seule a la clé. Lorsqu'elle comprend qu'il ne revient pas pour elle, mais encore pour lui parler de sa rivale, après avoir fait l'amour passionnément avec lui, prétextant l'arrivée des policiers, elle le cache dans son volumineux coffre-fort le temps de l'accalmie. C'est lors de ses 80 ans, après avoir raconté l'histoire de sa vie, que Lady L. sous le regard médusé de Sir Percy, ouvre le coffre, pour découvrir les restes d'un cadavre, tenant d'une main un revolver et de l'autre une rose artificielle qu'elle lui avait donnée juste avant son emprisonnement. *Un homme enfermé dans son coffre.* À la fois *tué et conservé* au plus profond d'elle-même dans son endroit le plus secret, caché de tous. Elle le tue, pour le conserver au plus profond de son intériorité, *dans son pavillon secret, au fond du jardin. Une femme aristocrate, qui contient en elle une ancienne catin, cache au plus profond d'elle-même un homme aimé et haï* (la rose rouge d'un côté ; le revolver de l'autre).

Ces séquences de cure m'ont évoqué la célèbre interprétation de Winnicott disant à un homme : « j'entends une fille[1]. » Dans le cas de Charlotte, j'entendais souvent et surtout, un homme *macho*. Winnicott, écoutant un de ses patients se permet de dire : « Vous êtes un homme et j'entends une fille, et c'est à cette fille que je parle. » Le patient dit quelque chose comme : « oui c'est vrai, c'est quelque chose que je n'ai jamais osé montrer et que je ne me suis jamais permis de dire, car je ne voulais pas paraître fou, car c'est quelque chose de fou en moi » ; et Winnicott d'ajouter : « c'est moi qui suis fou, et non vous. » Ce dont il s'agit ici ne se réduit pas à ce que l'on appelle classiquement la bisexualité psychique. André Green[2] entend dans la réponse de Winnicott – non, c'est moi qui suis fou – quelque chose comme : « vous êtes ici comme avec votre mère qui savait très bien que vous étiez un garçon, mais avait un tel désir que vous soyez une fille que vous – pour vous conformer à son désir et conserver son amour – vous êtes obligé dans votre identité profonde de vous ressentir comme une fille ; mais ceci est en telle contradiction avec votre vécu masculin, et le conflit est tellement grand entre l'être que vous êtes et l'être que vous pensez que votre mère veut que vous soyez et qui est la condition pour que vous soyez aimé d'elle, que ça vous paraît fou.

1. D. W. Winnicott, 1971, « La créativité et ses origines », *Jeu et réalité*, Paris, Gallimard, 1975, p. 91.

2. A. Green, 1983, DVD 5, interview avec Daniel Friedman, *Être Psy*, Coffret de 14 DVD, Paris, Éditions Montparnasse, 2008.

Ce à quoi Winnicott répond : « Non, c'est moi qui suis fou », c'est-à-dire, c'est moi la mère qui suis folle, ayant un garçon, d'entretenir profondément dans mon inconscient l'idée que je voudrais qu'il soit une fille au point de l'obliger à se ressentir comme telle. André Green montre que cette interprétation n'a rien à voir avec une interprétation classique banale concernant la bisexualité psychique ou l'homosexualité inconsciente d'un sujet.

Après Freud et Lacan, pour qui « dans le psychisme, il n'y a rien par quoi le sujet puisse se situer comme être de mâle ou être de femelle [1] », la question de la bisexualité psychique de l'être humain est devenue un concept si banalisé pour les analystes qu'elle a perdu sa force originaire. Dans l'interprétation de Winnicott, quelque chose touche ici à l'être et à l'identité profonde d'un sujet attaché à la survie d'un lien primordial. Le contact avec la folie est ici palpable, il ouvre au sentiment d'identité, et à cette vertigineuse question du « qui suis-je » ? Ce type d'interprétation exige une imagination et un travail d'élaboration dans lequel la question du genre ne fait pas résistance. Et peut-être, précisément dans l'affaire qui nous occupe, s'agit-il d'écouter en deçà des conduites sexuelles, au-delà des genres construits, d'écouter à partir de ce point de déchirure entre les sexes. Pierre Fédida a souvent insisté sur la puissance passive-active de l'écoute : la capacité d'accueillir, de recevoir, de prendre forme, rôle très actif dans la théorie de la puissance chez Aristote. Il s'agit de penser l'écoute du côté de la réception d'une forme, de la modification de l'apparence, de la capacité à se déformer en accueillant l'informe par la régression. Souvent en l'écoutant, j'ai entendu non seulement un

1. J. Lacan, (1964), *Les Quatre Concepts fondamentaux de la psychanalyse*, Séminaire XI, Paris, Seuil, p. 228.

garçon mais même plutôt un *gros macho*. À la différence de Winnicott, je ne lui ai pas dit. Je crois cependant que l'amplification de son écoute permise par certaines régressions en séance lui a permis d'entendre ce garçon en elle : le garçon préféré du père, quand bien même elle est petite fille, celui qui tient la canne à pêche du père alors que les frères n'ont jamais eu ce privilège.

Pour terminer j'aimerais – en reprenant un rêve de Charlotte – donner un écho à ce que Pierre Fédida écrit dans un numéro des *Libres Cahiers pour la psychanalyse* portant sur *Les divisions de l'être*. Dans son article intitulé : « Le passé d'un vu, la castration instauratrice »[1], Fédida s'interroge sur la dimension psycho-sexuelle du clivage aujourd'hui trop souvent réduit à un mécanisme de défense de nature psychotique. Reprenant l'article freudien sur « Le clivage du moi » (1938), il s'interroge : « La castration peut-elle tomber dans l'oubli ? Et c'est seulement la régression qui ouvrira l'accès à celle-ci – notamment sous la forme masquée de l'angoisse de dévoration. Ainsi, le sort réservé à l'angoisse de castration chez le garçon finirait par être celui qui isole l'angoisse pour en faire une sorte de symptôme du moi – pour ainsi dire, dans le prolongement d'une opération de clivage qui eut lieu dans le passé de la *vision de la* « région génitale » *de la fille*. [...] » « Faire connaissance avec l'organe génital féminin » : qu'est-ce à dire ? Qu'a bien pu voir le petit garçon entre les jambes de sa séductrice ? Ce qu'il a vu – dont il aurait bien pu, nous dit Freud, conserver répugnance – c'est ce *rien* qui a été pourtant source d'excitation et qui attribue à son pénis, grâce à la masturbation, une valeur d'organe de plaisir. La théorie selon laquelle ce pénis poussera plus tard procède donc

1. P. Fédida, « Le passé d'un vu. La castration instauratrice », *Libres cahiers pour la psychanalyse*, 2001/2 (n° 4), p. 13-21.

d'une *mise à l'écart* dans la vision, de l'organe absent chez la fille. Et c'est seulement par « le réveil de la perception tenue pour inoffensive » que survient chez le jeune garçon ce retournement qu'il pourrait bien arriver à ses organes génitaux ce qui est arrivé à la fille. L'angoisse de la castration par le père confronte l'enfant, nous dit Freud, « à la réalité du danger de castration »[1].

La question que me fait me poser le cas de Charlotte en rapport avec la notion de « sexe psychique » est la suivante : l'angoisse de castration, ou encore la parade phallique, serait-elle, comme il est enseigné par ceux qui fétichisent certains écrits psychanalytiques, réservée aux hommes ? Le complexe de castration, l'envie du pénis, le désir d'enfant : exclusifs à la femme ?

Le rêve de Charlotte me semble se tenir sur cette ligne de crête, en ce qu'il donne à entendre combien la représentation de la différence des sexes est aussi traumatique pour les petits garçons que pour les petites filles : « j'étais dans une salle de restaurant *en hauteur*, avec Mina (une amie, Mina a eu un accident de scooter) » – elle reprend : j'étais dans le petit jardin *en bas* du restaurant, tout d'un coup, je suis tentée, je prends mon élan et je saute sur une poutre. Je suis plutôt contente de mon saut. Je me dis « si tu as pu sauter dessus comme ça, c'est que tu es forte ». « Puis j'ai le vertige. J'ai peur de descendre. Je ne peux pas redescendre, paralysée par le vertige. Alors que Mina me regarde d'un air interrogatif, une serveuse frôle mon corps en passant, ça me déséquilibre, j'ai peur de tomber. Je suis prise d'un trouble entre ce que je vois et mes sensations de vertige : comment Mina et la serveuse sont au même niveau que moi alors que moi sur ma poutre, je me sens très haute, ce qui me donne peur de tomber et la sensation

1. *Ibid.*, p. 15-16.

de vertige ? Comment Mina et la serveuse sont à mon niveau alors qu'elles ne sont pas sur la poutre ? Je m'aperçois alors que je n'ai qu'à descendre de la poutre (en fait posée sur une chaise), ça me rassure beaucoup, je n'ai qu'à descendre. » Elle se réveille heureuse grâce aux sensations du rêve, elle a pu dépasser son vertige et ses peurs ; encore une fois, elle s'est inventé des démons. D'association en association, elle dit se sentir très bien au début du rêve : en sautant sur la poutre, elle éprouve un élan de liberté, mais tout se complique lorsqu'elle sent la peur de ne pas pouvoir descendre et de rester bloquée sur cette poutre. Ça lui rappelle qu'en ce moment elle a un petit ami grec qui vit chez elle avec qui elle essaie de « mettre la mesure » pour ne pas souffrir de son prochain départ. Elle songe à ses dépendances affectives et ses vécus d'enfermement. Elle effectue un parallèle entre « sauter sur la poutrelle » et « franchir les étapes » dans une relation : souvent elle veut tout, tout de suite, puis se sent en danger. La poutre est devenue poutrelle, je souligne « poutrelle ? ». Elle rit en répondant « Oui, une poutrelle c'est une poutre plus petite ». Elle ajoute que dans le rêve il y avait une petite fenêtre mansardée, un peu comme sa chambre d'enfant chez ses parents, ou plutôt exactement comme dans la chambre de son frère ou de sa sœur. Elle poursuit : « entre la poutre et la petite fenêtre renfoncée il y a un vide ». C'est ce vide qui lui fait peur et la paralyse dans le rêve. Je reprends : « entre la poutre et la petite fenêtre renfoncée, un vide angoissant ». Elle, riant : « dis comme ça, ça pourrait faire penser au sexe. C'est plus facile de monter dessus que d'en descendre. Comment anticiper la chute ? » Puis, la tête lui tourne.

Charlotte a du mal à s'aimer, à prendre soin d'elle-même. Tout se passe comme si elle ne méritait pas d'être élue par un partenaire, de devenir mère, d'être aimée, de construire une famille... Se vivant comme mauvaise, elle a souvent peur de blesser. En recherchant des bonnes sensations à l'extérieur du couple, elle s'arrange pour cliver l'excitation de la tendresse amoureuse. Avec lui, c'est « classique, ça pourrait être un peu emmerdant, je suis plus obsédée que lui sur la chose ». Elle songe alors à tous les « à-côtés » d'une relation amoureuse. Quand elle a un ami officiel, elle ne peut s'empêcher de le tromper avec des amants anciens réguliers, qu'elle rencontre une ou deux fois dans l'année. Avec eux, elle sait à quoi s'attendre. « On ne se prend pas la tête. Le sexe c'est quand même moins compliqué que l'amour ! » Et puis, la tête lui tourne. Le corps s'est chargé de faire ralentir le rythme de ses associations explosives. En retranscrivant mes notes, au lieu de « poutre » j'ai écrit « poudre », ce qui laisse entendre combien, lorsqu'on s'approche de ces souvenirs difficilement représentables, cela peut non seulement faire tourner la tête, donner le vertige, mais aussi exposer le moi à des menaces de division, sinon d'explosion. Que seraient donc une « vraie femme » ou bien un « vrai homme » sinon des montages dogmatiques idéalisés brandissant désespérément pour preuve la forme particulière de certains morceaux de chair ? Être homme ou femme, n'est-ce pas plutôt ce qui se manifeste dans le corps de la parole même, dans le tremblement du désir ? Face à la mort, comme dans le rêve, il n'y a pas de sexe qui tienne.

Être juste avec les études de genre : au-delà d'un rendez-vous manqué

RÉJANE SÉNAC

Assumer d'être le pas de côté disciplinaire dans un débat de psychanalystes sur les usages contemporains des termes de sexe et de genre, c'est faire le pari d'un échange heuristique qui ne soit ni de l'ordre du surplomb ni du hors-jeu. Cela suppose de reconnaître l'égalité femmes-hommes comme un enjeu théorique et politique légitime exigeant une discussion, voire une dispute, sur son sens – entre buts et fins. Ce débat parle à la fois d'accord et de désaccord car s'il repose sur le diagnostic partagé d'une évolution historique vers l'égalisation des droits et des conditions, il exprime des divergences concernant l'horizon à atteindre.

Mes recherches sur les justifications publiques de la promotion de la parité et de la diversité soulèvent les paradoxes d'une citoyenneté en tension entre la proclamation de l'universalisme et l'assignation à des identités singulières, en particulier sexuées. Elles interrogent les expressions contemporaines des dilemmes d'un principe républicain d'égalité ayant exclu les femmes et les racialisé.e.s au nom de leur prétendue incapacité à se distancier de vocations qualifiées de naturelles. L'analyse croisée de rapports, de discours publics et d'enquêtes qualitatives éclaire la continuité entre le processus historique de biologisation du social et du pouvoir et les politiques, publiques ou d'entreprise, de parité et de diversité. Ma thèse est qu'en justifiant l'application du principe d'égalité pour celles et ceux qui sont identifié.e.s par leur singularité au nom de la performance de la mixité et des différences, la promotion de la parité et de la diversité ne remet pas en cause l'implicite républicain d'une fraternité exclusive. Le dernier terme de la devise républicaine, la Fraternité, incarne la profondeur à la fois historique, théorique et politique d'une égalité entre frères excluant implicitement de la « classe des égaux » les femmes, non-hommes par excellence, et les non-blancs. En transformant les facteurs d'exclusion puis de discrimination en facteurs d'inclusion, les politiques de promotion de la parité et de la diversité porte une égalité sous conditions de performance de la différence pour les « non-frères[1] ». Inclu.se.s pour la plus-value de leur singularité, les femmes et les racialisés sont en effet enjoints de « performer » leur.s différence.s, au sens à la fois de les rentabiliser et de les théâtraliser[2]. En justifiant le principe d'égalité par son utilité sociale et économique, la ruse néolibérale consiste à le paralyser, voire à l'empoisonner, en l'exaltant. Loin de se situer dans un « après l'émancipation[3] » où l'enjeu ne serait plus de savoir ce vers quoi nous voulons tendre, mais comment, notre propos sera ainsi d'examiner l'actualité du questionnement politique sur le sens du principe d'égalité.

1. Réjane Sénac, *Les non-frères au pays de l'égalité*, Paris, Presses de Sciences Po, 2017 ; cf. les travaux de Carole Pateman et Françoise Gaspard sur le contrat fraternel.

2. Réjane Sénac, *L'Égalité sous conditions. Genre, parité, diversité*, Paris, Presses de Sciences Po, 2015.

3. Comme développé en particulier par Bérénice Levet dans *La Théorie du genre ou Le monde rêvé des anges*, Paris, Grasset, 2014, p. 123.

Au regard de la difficulté de discuter d'un sujet charriant des querelles théoriques et idéologiques, nous commencerons par réfléchir aux conditions de possibilité d'un échange agonistique. Nous aborderons en particulier la manière dont les controverses sur ladite « théorie du genre » expriment la peur d'un mélange jugé contre-nature à travers le fantasme de l'indifférenciation des sexes. Nous poursuivrons en abordant les enjeux d'un rendez-vous réussi entre la psychanalyse et l'égalité femmes-hommes qui exige de prendre au sérieux la dimension théorique et politique des usages du terme de genre. Pour cela, nous interrogerons la modernisation du mythe de la complémentarité des sexes dans la mise en valeur d'une égalité des singularités. Nous aborderons enfin l'horizon d'une égalité sans conditions libérée de la fraternité.

LES CONTROVERSES SUR LADITE « THÉORIE DU GENRE » : DE LA NÉCESSITÉ D'UN ÉCHANGE AGONISTIQUE

Afin de ne pas s'enfermer dans une querelle de légitimité consistant à déterminer « qui » détient l'expertise nécessaire pour dévoiler la vérité[1], il est essentiel de réfléchir aux conditions de possibilité pour que l'égalité

1. Cf. les analyses d'Éric Fassin sur le recours aux experts et aux savants comme « politique de vérité » dans la controverse autour des couples de même sexe et des familles homoparentales, chez les partisans comme chez les adverses, dans Éric Fassin, *L'Inversion de la question homosexuelle*, Paris, éditions Amsterdam, 2005.

femmes-hommes soit le centre d'une controverse agonistique. L'*agôn* est ici entendu comme un conflit « canalisé à l'intérieur de la cité vers des formes qui ne sont plus destructrices de la collectivité, mais au contraire créatrices d'œuvres positives pour la collectivité[1] ». Cette approche agonistique est inhérente et non endémique à un processus démocratique dont le fondement est le « conflit sur les différentes interprétations du bien commun[2] ». Elle est associée à une lecture de la démocratie comme un ordre politique pluraliste où l'opposant doit être considéré non pas comme un « ennemi » à détruire mais comme un « adversaire » légitime[3]. Le dissensus est ainsi considéré comme légitime non pas seulement comme point de départ de la discussion, mais aussi comme processus et horizon. L'enjeu n'est en effet pas d'atteindre un consensus à partir du traitement raisonnable de positions contradictoires, mais d'assumer un pluralisme, à la fois politique et théorique, s'exprimant par des désaccords sur le choix et la définition des principes de justice, et non pas uniquement sur leurs modalités d'application.

1. Cornelius Castoriadis, *La Montée de l'insignifiance*, Paris, Seuil, 1996, p. 182.

2. Cornelius Castoriadis, Chantal Mouffe, *Démocratie et relativisme. Débat avec le MAUSS*, Paris, Mille et une nuits, 2010, p. 120 ; Chantal Mouffe, « Communisme ou démocratie radicale ? », *Actuel Marx*, 48 (2), 2010, p. 83-88.

3. John Dewey, « Creative Democracy : The Task Before Us », *The Later Works*, 1925-1953, t. 14, 1939-1941, Essays, Carbondale (Ill.)-Edwardsville (Ill.), Southern Illinois University Press, 1988, p. 227-228 ; Chantal Mouffe, *The Return of the Political*, Londres-New York (N. Y.), Verso, 1993, p. 4 : « We will fight against his ideas but we will not question his right to defend them » ; Chantal Mouffe, « La politique et la dynamique des passions », *Politique et sociétés*, 22 (3), 2003, p. 149.

Une occasion de repolitiser l'égalité femmes-hommes

Veillons à ne pas confondre les usages contemporains du terme de genre et de l'expression « théorie du genre ».

Au-delà de leurs spécificités d'approche[1], les sciences humaines et sociales considèrent le genre comme une « catégorie utile[2] » pour comprendre les inégalités femmes-hommes comme une construction sociale relationnelle et hiérarchisée à « l'intersection » d'autres rapports de pouvoir incarnés par le fameux triptyque sexe/race/classe.

L'expression « théorie du genre » au singulier est, elle, utilisée par des responsables politiques, associatifs, religieux, et par des intellectuels et des journalistes, pour disqualifier la légitimité politique d'évolutions juridiques et la légitimité scientifique des études de genre interrogeant la construction sociale des inégalités[3]. Il s'agit non pas de reconnaître à ces études une portée théorique inhérente à toute démarche scientifique dans sa pluralité, mais de les réduire à une idéologie dangereuse et contre-nature. Les controverses sur ladite « théorie du genre[4] » incarnent ainsi les limites d'une approche par l'évitement du désaccord concernant la définition du principe d'égalité femmes-

1. Réjane Sénac, « notice Genre », dans Janine Mossuz-Lavau (dir.), *Dictionnaire des sexualités*, Paris, Robert Laffont, 2014, p. 338-341.

2. Expression utilisée dès 1986 par l'historienne Joan Wallach Scott dans « Gender : a useful category of historical analysis », *American Historical Review*, vol. 91, n° 5, décembre 1986, p. 1053-1075.

3. Cf. en particulier Élizabeth Montfort, *Le Genre démasqué : homme ou femme ? Le choix impossible…*, Valence, Peuple libre, 2011 ; Marguerite A. Peeter, *The Gender Revolution : A Global Agenda, A Tool for Discernment*, Bruxelles, Dialogue Dynamics, 2013.

4. Cf. en particulier Réjane Sénac, « Le contrat social à l'épreuve de l'offensive contre ladite "théorie du genre" », dans Laurie Laufer, Florence Rochefort (dir.), *Qu'est-ce que le genre ?*, Paris, Payot, 2014, p. 231-243.

hommes et les conditions de sa mise en œuvre. Des mobilisations contre la circulaire modifiant le programme des Sciences et vie de la terre (SVT) en classe de 1re en septembre 2010 à celles contre les lois de mai et juin 2013 sur l'ouverture du mariage aux personnes du même sexe et la rénovation de l'école, ces controverses ont pour point commun de s'opposer à ces évolutions juridiques au nom du respect de la complémentarité des sexes et de son rôle dans l'équilibre personnel et politique.

Ces évolutions juridiques françaises, et leurs critiques, s'inscrivent dans un contexte transnational d'émergence d'un discours portant à la fois sur l'universalité des droits et sur la liberté de choix comme expression concrète de l'égalité[1]. Reposant sur une « double association entre sexualité et théorie juridique de l'égalité et de la non-discrimination d'une part, mariage et accès à la citoyenneté d'autre part[2] », le discours international en faveur de l'ouverture du mariage civil aux couples de même sexe met en lumière une lecture transformatrice du droit, notamment de la défense des droits humains[3]. C'est dans ce contexte que

1. Pour une approche comparative intégrant une perspective nationale et transnationale, *cf.* Virginie Descoutures, Marie Digoix, Éric Fassin, Wilfried Rault, *Mariages et homosexualités dans le monde. L'arrangement des normes familiales*, Paris, Autrement, 2008 ; Manon Tremblay, « Secular Humanism vs. Social Conservatism : Analyzing Canadian House of Commons Debates on Same-Sex Mariage », *Scholars World*, 2 (1), 2014, p. 7-22 ; Manon Tremblay, David Paternotte, Carol Johnson (eds), *The Lesbian and Gay Movement and the State : Comparative Insights into a Transformed Relationship*, Farnham, Ashgate, 2011.

2. David Paternotte, *Revendiquer le « mariage gay ». Belgique, France, Espagne*, Bruxelles, éditions de l'Université de Bruxelles, 2011, p. 22.

3. Douglas Sanders, « Constructing Lesbian and Gay Rights », *Revue canadienne Droit et société*, 9 (2), 1994, p. 99-111 ; Matthew Waites, « Critique of "Sexual Orientation" and "Gender Identity" in Human Discourses : Global Queer Politics beyond the Yogyakarta Principles », *Contemporary Politics*, 15/1, 2009, p. 137-156.

l'adoption de la loi française de mai 2013 ouvrant le mariage civil aux personnes du même sexe a été défendue par la majorité gouvernementale et parlementaire socialiste au nom de la remise en cause d'« une discrimination et, partant, [d']une violation de l'égalité des droits, conduisant à une sous-citoyenneté [1] ».

Le lancement de l'Observatoire de la théorie du genre en février 2013 [2] incarne une opposition se revendiquant comme une sentinelle républicaine permettant de résister à ce qui est dénoncé comme une idéologie « qui avance masquée sous les traits de la lutte contre les discriminations et pour l'égalité. Cette théorie est le signe d'une société qui ne sait plus qui elle est [3] ». C'est dans cette perspective que « la Manif pour tous » a lancé pour la rentrée 2013 un plan intitulé « Vigi-gender » dans tous les départements de France afin de « stopper la diffusion auprès des enfants du concept de *gender*, qui porte atteinte à la construction de leur identité sexuelle homme/femme [4] ». Au croisement des mobilisations contre l'adoption et la mise en œuvre de la loi ouvrant le mariage aux personnes du même sexe, et contre l'introduction de l'égalité de genre à l'école, ce plan est développé en particulier au travers de la constitution de « Comités de parents-Vigilance-*Gender* » dans les établissements scolaires. Une fiche intitulée « *Gender* : non à la déconstruction des repères de nos enfants » et publiée sur le site internet de l'association est proposée comme un guide commun de cette résistance à organiser en interne

1. David Paternotte, *Revendiquer le « mariage gay »*, *op. cit.*, p. 22.

2. « Le décryptage d'Olivier Vial, porte-parole de l'Observatoire de la théorie du genre », TheorieduGenre.fr, 10 juin 2013.

3. Élizabeth Montfort, « Préface : Le *gender* révèle une société à la dérive », dans *« La Théorie du gender » Vers une nouvelle identité sexuelle*, Paris, Éditions Lethielleux, 2012, p. 9.

4. *Idem.*

aux écoles. C'est dans cette stratégie de désobéissance légale[1] que s'inscrit l'action nationale pour l'interdiction de la théorie du genre à l'école, intitulée les Journées de retrait de l'école (JRE). Lancée par Farida Belghoul, ancienne militante de l'extrême gauche antiraciste[2], avec pour objectif de « protéger la pudeur et l'intégrité de nos enfants[3] » et avec pour médium l'envoi de textos aux parents, cette action est promue par des mouvements de la droite catholique modérée et radicale, mais aussi de la droite nationale. Elle compte ainsi parmi ses soutiens l'ancienne ministre Christine Boutin, présidente d'honneur du Parti chrétien-démocrate, le président d'Égalité et réconciliation, Alain Soral[4], se définissant comme « national-socialiste », ou encore le président de l'Institut Civitas[5], Alain Escada. Au sein du plan interministériel

1. Michel Fize, « Non à la désobéissance légale », *Le Monde*, 4 février 2014 : « Il y avait la désobéissance civique pour contrer la tyrannie, il y a désormais la désobéissance légale pour s'opposer aux décisions de la représentation nationale. Si la première est légitime, la seconde ne l'est évidemment pas : la loi s'impose à tous. À l'occasion de la nouvelle Manif pour tous, le dimanche 2 février, le gouvernement a rappelé cette règle aux parlementaires du Palais-Bourbon, bientôt rejoint par les représentants de la droite républicaine, qui, soulignons-le, à quelques députés près, ne s'associent pas à cette nouvelle manifestation de rue. »

2. Abel Mestre, Silvia Zappi, « Farida Belghoul, de l'extrême gauche anti-raciste à la croisade anti-genre à l'école », LeMonde.fr, 1er février 2014.

3. JRE2014.fr ; et JRE2014 sur Facebook.com.

4. Luc Cédelle, « Le catéchisme "antipédago", le "gender" et la nouvelle extrême droite soralo-dieudonniste », LeMonde.fr, 24 janvier 2014 ; Bruno Roger-Petit, « Masturbation et théorie du genre à l'école : une folle rumeur révélatrice de l'effet Soral », LePlus.NouvelObs.com, 29 janvier 2014.

5. L'institut Civitas se définit sur son site internet comme « un mouvement politique inspiré par le droit naturel et la doctrine sociale de l'Église ». Pour connaître sa position dans les controverses sur les usages du terme de genre, *cf.* les publications d'Alain Escada, dont *Théorie du genre. L'idéologie qui voulait détruire la Création et libérer les perversions humaines, STOP !*, Paris, Civitas, 2013.

« Une troisième génération des droits des femmes : vers une société de l'égalité réelle », le programme « ABCD de l'égalité » expérimenté à la rentrée 2013 dans cinq académies[1] est dénoncé comme permettant à des militants LGBT (Lesbiennes, gays, bisexuels et transgenres) d'intervenir dans les écoles publiques. Cette campagne de discrédit et de déstabilisation repose sur un glissement de l'éducation à l'égalité vers ce qui est interprété comme une éducation à la sexualité, voire à la débauche. Face à ces rumeurs et suspicions, le ministère des Droits des femmes de l'époque a appelé sur son site à partager « un guide de désintox pour rétablir la vérité sur des modules conçus par le CNDP [Centre national de documentation pédagogique] et assurés sur le temps scolaire par des enseignants formés[2] ».

Pour aller au-delà des querelles entre Anciens et Modernes, avant-gardistes et réactionnaires, les controverses sur ladite « théorie du genre » doivent être analysées comme une occasion de repolitiser ce que l'on entend et sur quoi on s'entend quand on définit l'égalité femmes-hommes comme une valeur de la République française. Elles « romp[ent] l'apparence d'unanimité qui fait l'essentiel de la force symbolique du discours dominant[3] ». Elles mettent ainsi en lumière la pluralité des « conventions d'égalité »[4] derrière l'apparente consensualité de l'égalité de traitement.

1. « ABCD de l'égalité : face aux rumeurs, rétablissez la vérité ! », femmes.gouv.fr.

2. « ABCD : l'égalité femmes-hommes passe par l'égalité filles-garçons », femmes.gouv.fr.

3. Pierre Bourdieu, *Contre-feux. Propos pour servir à la résistance contre l'invasion néo-libérale*, Paris, Raisons d'agir, 1998, p. 8.

4. Cf. en particulier les travaux de Florence Rochefort sur le « pacte de genre » : « Laïcisation des mœurs et équilibre de genre, le débat sur la capacité civile des femmes mariées (1918-1938) », *Vingtième siècle. Revue d'histoire*, 87,

Actualité du fantasme de l'indifférenciation des sexes et des sexualités

Comme l'illustrent en particulier les amendements soumis en commission des lois et des affaires sociales, la réponse des opposants au projet loi d'ouverture du mariage civil aux couples de personnes du même sexe est de déplacer le débat en faisant de la « différence de sexe » et de la procréation les fondements de l'institution du mariage. Plusieurs amendements portés par des députés UMP ont recours à l'étymologie du terme de mariage pour défendre le mariage dans « la dimension spécifique et unique de cette institution ». En référence aux « termes latins *matrimonium* et *maritare*, dérivant respectivement de *mater*, mère, et de *mas*, maris, le mâle », la définition donnée au mariage est alors celle de « la forme juridique par laquelle la femme se prépare à devenir mère par sa rencontre avec un homme »[1]. Il est aussi affirmé que « le droit ne peut ni ignorer ni abolir

2005, p. 129-141 ; et la définition par Marie-Thérèse Letablier, « Régimes d'État providence et conventions de genre en Europe », *Informations sociales*, 151, 2009, p. 102-103 : ces conventions « renvoient à diverses formes de contrats sociaux entre les sexes, qui reposent sur des formes d'engagement dans l'activité professionnelle des femmes et sur des formes variées d'acquisition des droits sociaux, selon que ceux-ci sont directement issus de la participation au marché du travail ou bien qu'ils dérivent de l'activité professionnelle d'un conjoint ou de la reconnaissance de l'activité "maternelle" comme travail. La question du *care*, c'est-à-dire des soins aux enfants et aux proches dépendants, de la reconnaissance et de la rétribution de ce travail, est en effet au cœur des débats relatifs à la construction des droits sociaux des femmes ».

1. Amendement CL478, présenté par Christian Jacob et dix-sept députés UMP, soumis à la commission des lois le 15 janvier 2013 dans le cadre de la discussion du projet de loi ouvrant le mariage aux couples de personnes de même sexe.

la différence entre les sexes qui est constitutive non seulement de la pérennité d'une société mais aussi de l'identité de l'enfant qui ne peut se construire que face à un modèle d'altérité sexuelle». L'altérité sexuelle dans le mariage est ainsi érigée en «principe fondamental de la Constitution française, reconnu dans de nombreuses lois de notre corpus législatif»[1].

Pour les opposants à cette loi, au travers de l'imbrication du politique et du religieux[2], il s'agit de faire advenir dans le débat public un ennemi principal[3] à dénoncer et à combattre au nom du «bien commun» de la République et/ou de la nation. Sous couvert d'arguments plus ou moins sécularisés[4] prônant le respect de l'équilibre anthropologique[5],

1. Amendement CL46, présenté par Xavier Breton et une cinquantaine de députés UMP, soumis à la commission des lois le 15 janvier 2013 dans le cadre de la discussion du projet de loi ouvrant le mariage aux couples de personnes de même sexe.

2. Pour une comparaison avec une analyse de l'autorité de l'Église chez les néoconservateurs américains, cf. Wendy Brown, «Le cauchemar américain: le néoconservatisme, le néolibéralisme et la dé-démocratisation des États-Unis», *Raisons politiques*, 28, 2007, p. 67-89. Pour une comparaison des processus politiques sous-jacents à la régulation publique du religieux, cf. *Revue française de science politique*, Donier, «La juridicisation dans le gouvernement religieux», 64 (4), 2014.

3. Cf. Christine Delphy, *L'Ennemi principal*, t. 1 et 2, Paris, Sillepse, 1998 et 2001 ; Éric Fassin, « *Good cop, bad cop*. Modèle et contre-modèle américains dans le discours libéral français depuis les années 1980», *Raisons politiques*, 1, 2001, p. 77-97.

4. Pour une analyse des liens entre genre, religions et sécularisation, cf. en particulier la recherche de Florence Rochefort concernant la généalogie du positionnement catholique sur les droits reproductifs et les minorités sexuelles, ainsi que le discours des autorités religieuses lors des auditions publiques parlementaires sur le projet de la loi «Mariage pour tous» et les voix dissidentes favorables à ce projet au sein des sphères religieuses (« Genre, religions et sécularisation», dans Laurie Laufer, Florence Rochefort (dir.), *Qu'est-ce que le genre ?*, *op. cit.*, p. 213-230).

5. Concernant les débats sur la fonction anthropologique de la loi, cf. Camille Robcis, «French Sexual Politics from Human Rights to the

psychologique et politique, la présence du terme de genre dans les débats scientifiques et législatifs est ainsi associée à un péril vital, à savoir la remise en cause de l'« ordre symbolique universel[1] » de la complémentarité des sexes. Le collectif « Marianne pour tous », ayant pour slogan « Pour le droit de l'enfant à avoir un père et une mère », associe ainsi explicitement l'hétérosexualité et le respect d'une République fondée sur la complémentarité des sexes. Il défend une République « authentique » contre la perversion de l'indifférenciation des sexes[2]. Les Antigones se définissent dans leur manifeste comme un rassemblement de femmes ne se reconnaissant pas « dans la vision que [leur] impose l'idéologie ultra-minoritaire, mais dominante dans les sphères médiatique et politique : théorie du genre et sextrémisme ». Elles considèrent que « les femmes ont une sensibilité différente, une volonté différente, des moyens d'action différents de ceux des hommes. Ces différences sont une richesse à cultiver et cette altérité est féconde sur tous les plans ». Elles font valoir leur contribution au camp de la résistance en affirmant : « Si des lois écrites par des hommes outrepassent les lois naturelles – c'est-à-dire les normes non écrites qui sont le socle de l'expérience humaine –, nous avons le devoir de nous rebeller. » La concordance entre l'ordre naturel, sexué, sexuel, et l'ordre politique[3] justifie en effet selon elles le fait de « privilégier la légitimité sur la

Anthropological Function of the Law », *French Historical Studies*, 33 (1), 2010, p. 129-156.

1. Expression empruntée à l'historienne Florence Rochefort, « Genre, religions et sécularisation », art. cité.

2. Christine Bard, « La peur rancie de l'indifférenciation sexuelle », LeMonde.fr, 7 février 2014.

3. Réjane Sénac-Slawinski, *L'Ordre sexué. La perception des inégalités femmes-hommes*, Paris, Puf, 2007.

légalité[1] ». Lancées le 25 mai 2013 à Lyon lors d'un hommage à Jeanne d'Arc, les Caryatides, « une section féminine pour un militantisme » national au féminin, dénoncent elles aussi la mise en danger de l'enfant, la famille, l'ordre moral et naturel par « un environnement qui veut nous aliéner avec la théorie du genre et la loi Taubira[2] ». Leur réponse est de « contribuer à la révolution nationale dans la noble complémentarité homme-femme[3] » en prenant exemple sur « Jehanne qui a bouté l'ennemi » pour se battre pour « nos enfants » « contre les ennemis actuels de la France »[4]. En faisant une analogie entre la résistance de Jeanne d'Arc face à l'invasion anglaise et leur engagement contre « la déstructuration des intelligences par des programmes scolaires subversifs[5] », il s'agit de poser ladite « théorie du genre » comme la cible d'une guerre contre les ennemis de la nation. Ces ennemis sont aussi bien des acteurs politiques, comme Vincent Peillon, qualifié de « ministre juif de l'Éducation nationale[6] », ou Najat Vallaud-Belkacem, nommée « l'ayatollah » à la une du numéro de *Valeurs actuelles* suivant sa nomination comme ministre de l'Éducation nationale le 26 août 2014, que des universitaires, tels qu'Alfred Kinsey et Judith Butler, désignés comme faisant partie du « monde anglo-américain[7] ».

1. « Le Manifeste des Antigones », Antigones.fr.
2. « Qui sommes-nous ? », Caryatides.fr.
3. Jérôme Bourbon, « Les Caryatides, "le nationalisme au féminin" », *Rivarol*, 6 mars 2014 ; disponible sur Caryatides.fr.
4. « Discours de Marie-Claire Gandillon, la présidente des Caryatides, le 11 mai 2014 à Paris lors de l'hommage des nationalistes à sainte Jeanne d'Arc », Caryatides.fr, 27 mai 2014.
5. *Idem.*
6. Jérôme Bourbon, « Les Caryatides… », art. cité.
7. *Ibid.*

GENRE ET PSYCHANALYSE : LE RENDEZ-VOUS EST POLITIQUE

L'analyse des enjeux politiques de la controverse sur ladite « théorie du genre » peut contribuer au dépassement du rendez-vous manqué de la psychanalyse avec le questionnement féministe[1]. Ce rendez-vous est rendu possible par le fait, comme le souligne en particulier l'anthropologue Gayle Rubin, que la psychanalyse n'est pas seulement un dispositif normatif qui transforme la loi morale en loi scientifique[2], mais « présente un ensemble unique de concepts permettant de comprendre les hommes, les femmes et la sexualité. Et le plus important est que la psychanalyse fournit une description des mécanismes par lesquels les sexes sont divisés et déformés, une description de la manière dont des petits enfants bisexuels et androgynes sont transformés en garçons et en filles. »[3]

Aller au-delà de ce rendez-vous manqué demande d'être juste avec les études de genre. Cette injonction fait écho à l'invitation de Michel Foucault d'« être juste avec Freud[4] » dans *L'Histoire de la folie à l'âge classique*. Il y reconnaissait le geste essentiel de Freud qui a consisté à

1. Gayle Rubin, « Le marché aux femmes, « économie politique » du sexe et systèmes de sexe/genre », dans *Surveiller et jouir, anthropologie politique du sexe*, Paris, EPEL, p. 54.

2. Pour une lecture de la psychanalyse et de la pratique analytique comme « pensée inventive et vivante », cf. Laurie Laufer, « La psychanalyse est-elle un féminisme manqué ? », *Nouvelle revue de psychosociologie*, 2014/1, n° 14, p. 17-29.

3. Gayle Rubin, *op. cit.*

4. Michel Foucault, *L'Histoire de la folie à l'âge classique*, Paris, Gallimard, 1972.

être « le premier à avoir entrepris d'effacer radicalement le partage du positif et du négatif (du normal et du pathologique, du compréhensible et de l'incommunicable, du signifiant et de l'insignifiant)[1] ». La philosophe Simone de Beauvoir commence elle le chapitre consacré au « point de vue psychanalytique » dans le *Deuxième sexe* en soulignant que « l'immense progrès que la psychanalyse a réalisé sur la psychophysiologie, c'est de considérer qu'aucun facteur n'intervient dans la vie psychique sans avoir revêtu un sens humain ; ce n'est pas le corps-objet décrit par les savants qui existe concrètement, mais le corps vécu par le sujet[2] ». Elle y souligne ensuite que « ce n'est pas une entreprise facile que de discuter *la* psychanalyse[3] ».

La tentation d'une recomposition du mythe de la complémentarité des sexes dans une égalité des singularités

La question posée à la ou plutôt aux psychanalyses, en tant que théories et pratiques, est bien celle de savoir dans quelle mesure et de quelle manière, elles participent du dépassement ou au contraire de la légitimation de l'identification à une singularité sexuée/genrée attribuant « un statut minoritaire à certains traits qui leur sont propres, comme si ces derniers étaient la raison, et non la rationalisation, d'un traitement inégal[4] ».

1. Michel Foucault, « Pouvoir et corps, interview de M. Foucault dans *Quel corps ?* », dans *Dits et écrits*, Paris, Gallimard, 1975, p. 1627.
2. Simone de Beauvoir, *Le Deuxième Sexe I*, Paris, Gallimard, 1987, p. 78.
3. *Ibid.*
4. Joan W. Scott, « L'énigme de l'égalité », *Cahiers du genre*, 33, 2002, p. 26.

Dans le cadre des controverses sur ladite « théorie du genre », les psychiatres et psychologues, en particulier ceux spécialisés dans l'enfance, ont contribué à faire de cette singularité une vérité scientifique dont le respect est nécessaire à l'équilibre psychique.

En écho à la dénonciation des *gender studies* comme déconstruisant l'ordre politique par des philosophes[1], des théologiens et des anthropologues[2], nous pouvons en particulier citer Jean-Marc Guilé, professeur agrégé de clinique au département de psychiatrie de l'Université de Montréal, rédacteur en chef de la revue *Perspectives psy*, qui consacre l'éditorial du numéro de juillet-septembre 2013 de cette revue à l'analyse « des débats (qui) agitent actuellement les communautés de l'enfance suite à la reprise par les pouvoirs publics français et européens des théories du genre avancées notamment par Judith Butler (1990)[3] ». L'enjeu est, selon lui, d'interroger les répercussions en termes d'équilibre psychique de la radicalisation du combat de la domination d'un groupe (sexué) sur un autre par la négation du « trait fondamental du vivant qu'est le dimorphisme sexuel. Faute de pouvoir atteindre l'égalité de citoyens essentiellement différents, on tend à nier les différences pour se dire tous semblables et atteindre ainsi l'égalité[4]. Un tel mouvement encourage l'indifférenciation qui,

1. Jean-François Mattéi, « La confusion des genres », *in* Christian Flavigny, *La Querelle du genre. Faut-il enseigner le « gender » au lycée ?*, Paris, Puf, 2012, p. 17.

2. Cf. Michel Boyancé *et al.*, *L'Éducation à l'âge du « gender »*, Paris, Salvator, 2012 ; Chantal Delsol, tribune « Le "gender" ou l'individu transparent », *Le Figaro*, 3 juillet 2013 ; Xavier Lacroix, *La Confusion des genres*, Paris, Bayard, 2007 ; Robert Redeker, « L'homme nouveau ou la société contre le peuple », *Le Figaro*, 2 juin 2013.

3. Jean-Marc Guilé, « Théories du genre ou identité sexuée ? *Gender theories versus sexual identity* », *Perspectives Psy*, 2013/3, vol. 52, p. 217.

4. Jean Chambry, pédopsychiatre, *Communication personnelle*, 2013.

dans notre expérience clinique, est peu propice au développement psychique[1] ». Il termine son éditorial en légitimant les questionnements « sur les philosophies, consignes éducatives et rapports sociologiques qui tendent à nous conforter à une plénitude que nous posséderions individuellement alors que notre expérience nous dit que nous sommes toujours instables et en manque d'autre. Ces théorisations sur le genre ne renforcent-elles pas en fait l'illusion de toute puissance infantile et le mythe de la complétude utérofœtale[2] ? »

En réponse à cette interrogation, le pédopsychiatre et psychanalyste Christian Flavigny fait lui aussi de la psychanalyse l'arbitre du débat sur les enjeux de l'institutionnalisation de la dite « théorie du genre » en France en affirmant que « le psychanalyste n'adhère aux croyances ni des uns ni des autres. Il réfute autant un naturalisme que la psychanalyse a contribué à discuter, qu'un sociologisme, voire un sociétalisme qui semble la thèse désormais promue comme théorie du gender. Il s'aventure sans enthousiasme sur le champ de bataille, mais il se doit de le faire, puisque l'enfant et la jeunesse sont concernés[3] ». S'il reconnaît que « la culture, qui commence dès la naissance, entoure différemment un bébé fille et un bébé garçon », le psychiatre Boris Cyrulnik dénonce lui aussi le genre comme idéologie et l'associe à une « haine de la différence » de « pervers, qui ne la supportent pas »[4].

Affirmer cela, c'est discréditer des analyses théoriques et politiques sous couvert d'expertise médicale et

1. Jean-Marc Guilé, *op. cit.*, p. 217.
2. *Ibid.*, p. 218.
3. Christian Flavigny (préface de Jean-François Mattéi), *op. cit.*, p. 208.
4. Boris Cyrulnik face au suicide des enfants, entretien, Le Point.fr, 29 septembre 2011.

psychologique. Or, associer ces analyses à une idéologie est une posture idéologique travestie des habits de l'autorité scientifique. En effet, en dénonçant l'association entre les inégalités entre les sexes et une construction sociale injuste, il s'agit de valider la légitimité d'une cosmogonie binaire et inégalitaire où le deuxième sexe complète un masculin défini comme norme et autorité au-delà de la frontière public-privé. En qualifiant la complémentarité femmes-hommes de mythe fondateur, mes recherches ne nient pas la complémentarité biologique dans la procréation, mais mettent en lumière le rôle central qui lui est conféré pour identifier et assigner les individu.e.s à une position de dominants et/ou de dominé.e.s.

Elles posent en particulier la question de l'inconscient de la pensée française de l'égalité. En effet si, comme l'analyse Pierre Rosanvallon, l'histoire de la ségrégation raciale américaine peut être interprétée comme une « forme limite de l'égalité-identité[1] » incarnant un « racisme constituant[2] », qu'en est-il de l'histoire politique française ? Les idéologies racistes, sexistes, hétéronormées et/ou homophobes ne peuvent pas « seulement être appréhendé(es) comme une perversion de la démocratie, mais [ils doivent] également être compris comme une de ses formes structurantes[3] ». « L'hétérosexisme racialisé constituant » est ainsi à appréhender comme « une réponse à la pétition d'égalité »[4] au cœur même de la République[5].

1. Pierre Rosanvallon, La Société des égaux, Paris, Seuil, 2011, p. 204.

2. *Ibid.*, p. 203-223.

3. *Ibid.*, p. 214.

4. Colette Guillaumin, *L'Idéologie raciste. Genèse et langage actuel*, Paris-La Haye, Mouton, 1972, p. 40.

5. Cf. Stéphane Beaud, Joseph Confavreux, Jade Lindgaard, *La France invisible*, Paris, La Découverte, 2008 ; Pierre Tevanian, *Chronique du racisme*

Vers une égalité sans conditions,
un au-delà de la fraternité :

La mise en regard de la détermination des détracteurs de ladite « théorie du genre » et des ambivalences des initiateurs de cette législation, en particulier à travers le recul sur les « ABCD » et sur la PMA pour toutes, révèle l'actualité et la persistance de cet « hétérosexisme racialisé constituant ». En écho à la rencontre épistémologique entre psychanalyse et analyse historique dans les travaux de Joan Scott[1], nous nous inscrivons au croisement de la psychanalyse et de l'analyse politique en associant la recomposition des inégalités femmes-hommes à un « ça républicain[2] » cohabitant avec un surmoi égalitaire. Dans cette perspective, « la question de l'égalité des sexes » peut-elle être considérée avec Pierre Rosanvallon comme « la clé d'une histoire de l'égalité parce qu'elle se situe à un double carrefour[3] », entre singularité et similarité, entre singularité et différence ?

Pour lui, c'est parce que les hommes et les femmes « n'existent que relativement les uns aux autres », qu'ils sont « susceptibles d'incarner la figure la plus exemplaire d'une égalité des singularités »[4]. Il considère ainsi la distinction de sexe comme « la clé d'un approfondissement de l'idéal

républicain, Paris, Syllepse, 2013 ; Patrick Weil, *La République et sa diversité. Immigration, intégration*, Paris, Seuil, 2005.

1. Joan W. Scott, *De l'utilité du genre*, Paris, Fayard, 2012.

2. Cf. Réjane Sénac, « Partage du pouvoir : du sexisme constituant à la parité inachevée », dans Sandrine Dauphin, Réjane Sénac, *Femmes-hommes : penser l'égalité*, Paris, La Documentation française, 2012, p. 121-134.

3. Pierre Rosanvallon, *La Société des égaux, op. cit.*, p. 363.

4. *Ibid.*, p. 365. Cf. dans cette perspective Irène Théry, *La Distinction de sexe. Une nouvelle approche de l'égalité*, Paris, Odile Jacob, 2007. Elle considère justement le genre comme une « modalité des actions et des relations » (p. 447).

égalitaire » à condition que soit mise à distance « l'abstraction républicaine autant que l'idée d'une indistinction à venir des sexes[1] ». Faire de l'égalité femmes-hommes un modèle pour tendre vers une société égalitaire peut apparaître comme éminemment transformateur. Cependant, le fait de poser l'indistinction des sexes comme un risque à éviter participe d'une « ritournelle[2] » historique exprimant la « peur d'une démocratie trop envahissante, progressant dans la dynamique de la similitude de tous les êtres jusqu'à abolir la frontière entre les sexes[3] ». Il est à noter que la dimension à la fois historique, théorique et contemporaine du fantasme de la dégénérescence par le mélange (*mixophobia*) est une biopolitique commune au sexisme et au racisme[4].

Ainsi, la réduction de l'horizon républicain d'égalité à l'articulation entre singularité et similarité repose sur la négation de la dimension sociale et idéologique des différenciations sexuées et racialisées. Elles sont en effet associées à des identités pré-politiques exprimant une vérité scientifique[5]. Afin de dépasser cette dépolitisation, il est nécessaire

1. Pierre Rosanvallon, *La Société des égaux*, *op. cit.*, p. 366. Il précise, dans une note de bas de page : « Perspective qu'avait ouverte Simone de Beauvoir dans *Le Deuxième Sexe* en considérant que la différence des sexes était vouée dans l'avenir à perdre toute signification, les hommes et les femmes devenant de cette façon "vraiment des semblables". »

2. Geneviève Fraisse, *Muse de la raison. Démocratie et exclusion des femmes en France*, Paris, Gallimard, 1995, et « Sur l'incompatibilité supposée entre l'amour et le féminisme », dans *À côté du genre. Sexe et philosophie de l'égalité*, Paris, Le bord de l'eau, 2010, p. 290-298.

3. Geneviève Fraisse, *Les Femmes et leur histoire*, Paris, Gallimard, 2010 [1re éd. 1998], p. 12-13.

4. Zygmunt Bauman, *La Vie en miettes. Expérience postmoderne et moralité*, Paris, Hachette, 2003.

5. Pour un aperçu des débats scientifiques remettant en cause la binarité sexuée comme vérité naturelle et la dénonçant comme une construction idéologique contraire à la rigueur scientifique, cf. Anne Fausto-Sterling,

de poser la question de ce qui fait singularité et similarité dans l'identification des traits considérés comme singuliers et singularisant. Selon la distinction établie par Simone de Beauvoir entre le caractère mouvant de l'appartenance à une classe sociale et la dimension substantielle et statique de l'appartenance à une caste [1], la singularisation correspond à l'assignation à une caste inférieure. Elle constitue ainsi un geste politique dans la mesure où elle a pour conséquence d'exclure les « singularisés » d'une similarité sans tension, voire contradiction, avec leur appartenance posée comme première à une singularité indépassable. L'identification de certaines différences à des singularités rend en effet impensable la reconnaissance de celles et ceux qui sont singularisés comme membres de l'implicite entre-soi des similaires, des frères, des pairs.

La dialectique entre singularité et similarité enferme les « non-frères » dans une singularisation incompatible avec un processus démocratique d'égalité pensé comme une relation de non-domination structurelle. Nous partageons l'analyse de Philip Pettit selon laquelle afin de prendre en compte la co-originarité de l'autonomie privée et de l'autonomie politique [2], il est essentiel de considérer que « si un individu est dominé, c'est-à-dire s'il est exposé à l'interférence arbitraire d'autrui, c'est toujours en vertu du fait

Corps en tous genres. La dualité des sexes à l'épreuve de la science, Paris, La Découverte, 2012 ; Évelyne Peyre, Joëlle Wiels, *Mon corps a-t-il un sexe ? Sur le genre, dialogues entre biologies et sciences sociales*, Paris, La Découverte, 2015 ; Ann Laura Stoller, *La Chair de l'empire. Savoirs intimes et pouvoirs raciaux en régime colonial*, Paris, La Découverte, 2013.

1. Cf. en particulier Simone de Beauvoir, *Le Deuxième Sexe II, L'expérience vécue*, Paris, Gallimard, 2001 [1re éd. 1949], p. 643-663, et « La femme révoltée. Un entretien de Simone de Beauvoir avec Alice Schwarzer », *Le Nouvel Observateur*, 14-20 février 1972.

2. Jürgen Habermas, *Droit et démocratie. Entre faits et normes*, Paris, Gallimard, 1997 [1re éd. 1992], p. 145.

qu'il appartient à un certain genre ou une certaine classe ; les individus sont vulnérables en tant qu'ils sont noirs, ou en tant qu'ils sont de sexe féminin, ou qu'ils sont âgés, ou pauvres, etc. Cela signifie que, lorsque nous augmentons la liberté comme non-domination d'un individu, nous augmentons également la liberté comme non-domination de tous les membres de la classe – ou des classes – de vulnérabilité auxquelles cet individu appartient[1] ».

Dans cette perspective, afin de tendre vers une égalité sans conditions, il est nécessaire de questionner la définition de ce qui fait politique « au-delà du principe de fraternité[2] ». Le politique étant un « phallocentrisme en acte[3] » imbriqué dans un ethnocentrisme et un hétérosexisme en acte, la construction d'un monde égalitaire repose sur un dilemme. Il n'est en effet pas possible de choisir entre agir sur le monde tel qu'il est pour déconstruire les inégalités et penser un autre monde libéré des cadres qui déterminent et conditionnent la reproduction des inégalités. « La décision consisterait une fois encore à trancher sans exclure, à inventer d'autres noms et d'autres concepts, à se porter *au-delà* de *ce* politique-ci sans cesser d'y intervenir pour le transformer[4]. » L'horizon démocratique est ainsi de libérer « une certaine interprétation de l'*égalité* en la soustrayant au schème phallocentrique de la *fraternité*[5] ». Pour cela, il s'agit « de penser une altérité sans différence hiérarchique à la racine de la démocratie[6] ».

Dans un pays arborant sur tous ses bâtiments officiels la

1. Philip Pettit, *Une Théorie de la liberté et du gouvernement*, Paris, Gallimard, 2004, p. 189-190.
2. Jacques Derrida, *Politiques de l'amitié*, Paris, Galilée, 1994, p. 12.
3. *Ibid.*, p. 183.
4. Jacques Derrida, *op. cit.*, p. 183.
5. *Ibid.*, p. 259.
6. *Id.*

devise républicaine « Liberté, égalité, fraternité », il s'agit d'interroger le sens du mot « Égalité » comme imaginaire social et politique imbriqué à celui de la « Liberté » et de la « Fraternité ».

Ce questionnement permet une rencontre entre la psychanalyse et l'égalité au sens où, il s'agit « de mettre au jour les ruptures et les contradictions, d'explorer les significations ambiguës qui finissent par se loger dans les problèmes insolubles et les interrogations sans réponses[1] ».

Interroger la recomposition des inégalités femmes-hommes, c'est questionner le postulat de la binarité naturelle de la distinction des sexes pour la considérer non pas comme « une bipolarité mais un continuum, [c'est] la société [qui] en fait une bipolarité[2] » hiérarchisante. C'est se frotter au tabou d'un « ça républicain » hétérosexiste[3]. Dès lors, exiger que le pôle socialement « minorisé » soit identique au pôle dominant ou au contraire dénoncer leur indistinction comme un risque, c'est appréhender l'égalité femmes-hommes comme un dilemme entre politique et ontologique.

Pour dépasser ce dilemme, il convient de ne pas entendre la similarité sur le registre ontologique de l'indistinction, mais comme un processus politique structurel visant à instaurer une relation de non-domination entre les citoyen.ne.s au-delà de l'entrecroisement des différenciations les

1. Joan W. Scott, *De l'utilité du genre*, Paris, Fayard, 2012, p. 7 : « L'infléchissement le plus important de ma pensée est venu de la prise en compte, dans mes travaux, de la psychanalyse, non pas en tant qu'étude des comportements humains, avec ses diagnostics explicatifs, mais comme une façon de mettre au jour les ruptures et les contradictions, d'explorer les significations ambiguës qui finissent par se loger dans les problèmes insolubles et les interrogations sans réponses. »

2. Catharine A. MacKinnon, *Le Féminisme irréductible, discours sur la vie et la loi*, Paris, Éditions des femmes-Antoinette Fouque, 2005, p. 52.

3. Cf. Réjane Sénac, « Partage du pouvoir : du sexisme constituant à la parité inachevée », *op. cit.*

caractérisant. Continuer à ne pas s'interroger sur les enjeux du triptyque égalité-singularité-similarité, c'est conforter une appréhension des différences – en particulier entre les sexes et les couleurs de peau – comme contradictoires avec un horizon d'égalité sans conditions.

Dans une approche arendtienne, l'enjeu est que tou.te.s et chacun.e soient imaginé.e.s et traité.e.s comme un.e semblable[1]. Cela demande de déconstruire les discriminations au niveau individuel et structurel en libérant les discriminé.e.s de leur identification à des singularités. Le défi d'utopie réaliste que nous relevons ainsi est celui de donner à tou.te.s et chacun.e la possibilité d'être reconnu.e et de vivre comme un.e pair.e[2] sans que la pluralité humaine ne se décline en singularisations aliénantes, en particulier celle de la binarité sexuée.

1. Myriam Revault d'Allonnes, « À l'épreuve des camps : l'imagination du semblable », dans *Fragile humanité*, Paris, Aubier, 2002, p. 145-168.

2. Nancy Fraser (entretien de), « Devenir pairs », *Vacarmes*, 55, printemps 2011, p. 4-12.

Le rêve de Virginia

ISÉE BERNATEAU

« Il – car il n'y avait aucun doute quant à son sexe, bien que la mode du temps contribuât à le déguiser – était occupé à donner de grands coups de sabre sur une tête de Maure qui se balançait, accrochée aux solives[1]. » Ainsi s'ouvre *Orlando* de Virginia Woolf, fiction au sein de laquelle le postulat inaugural, « aucun doute quant au sexe », va subir un tel démenti qu'il apparaît *a posteriori* comme une pirouette humoristique distillant en réalité un précieux indice au lecteur attentif. Fidèle à ce contrat de lecture initial, *Orlando, une biographie* joue tellement avec la différence des sexes qu'il finit par la faire voler en éclats. Orlando, jeune noble anglais du XVIe siècle doté d'un magnifique château, a pourtant tout en main pour devenir, à l'instar de ses glorieux ancêtres, un guerrier plein d'audace et de cruauté. Porteur d'une identité de genre clairement masculine, il cumule tous les attributs phalliques de son temps porteurs d'une indiscutable virilité, à l'image de l'*incipit* qui le surprend *in medias res* doté d'un sabre au pouvoir éminemment castrateur. Protégé par la reine

1. V. Woolf (1928), *Orlando*, *Romans, Essais*, Paris, Gallimard, « Quarto », 2014.

Élisabeth, Orlando est appelé à la Cour et couvert d'honneurs : « La Reine, qui savait reconnaître un homme quand elle en voyait un, bien que ce ne fût pas, dit-on, de la manière habituelle, trama pour lui une carrière ambitieuse et splendide[1]. » Mais bien que sa virilité soit là encore réaffirmée, Virginia Woolf, de nouveau avec humour, laisse à son lecteur le soin de définir ce qu'est « la manière habituelle » de distinguer le féminin du masculin, insinuant, ce faisant, qu'il n'y en a peut-être pas.

Dès le début du récit, des indices, habilement glissés dans la trame narrative, brouillent les catégories du masculin et du féminin. Orlando, plus féru de poésie et de contemplation que de faits d'armes, complique de fait les stéréotypes de genre en vigueur en 1530. Comment s'en étonner lorsqu'on sait que le personnage d'Orlando est la transposition romanesque de Vita Sackwille-West, une aristocrate qui est, pour Virginia Woolf, « la femme de sa vie », ainsi qu'en témoigne leur correspondance. « C'est un grenadier ; elle est belle, dure, virile[2] », note Virginia dans son *Journal* après leur première rencontre. Cinq ans plus tard, en 1927, alors qu'elle comprend que Vita a une liaison avec Mary Campbell, Virginia forme le projet d'écrire « une biographie commençant en l'an 1500 et se continuant jusqu'à nos jours, qui s'intitulera *Orlando* : Vita ; avec seulement un transfert d'un sexe à l'autre[3] ». Faire de Vita *un homme qui devient une femme* témoigne indéniablement de la séduction que cette ambiguïté de genre opère chez Virginia Woolf. Mais le roman va bien au-delà pour faire de cette androgynie un principe universel. Dans cette

1. *Ibid.*, p. 400.
2. Cité dans V. Sackville-West, V. Woolf (1923-1941), *Correspondance*, Paris, Stock, 2010, p. 48.
3. *Ibid.*, p. 63.

Renaissance qui « minimise la différence des sexes et autorise une plus grande liberté[1] », Orlando le timide poète tombe fou amoureux d'une « silhouette qui, qu'elle fût celle d'un garçon ou celle d'une femme, car la tunique flottante et les pantalons à la mode russe contribuaient à déguiser le sexe, l'emplit de la plus vive curiosité. Cette personne, quel que fût son nom ou son sexe, était de taille à peu près moyenne, de tournure fort svelte[2] ». Homme ou femme, Orlando est immédiatement amoureux. Et si la princesse Marousha Stanilovska Dagmar Natasha Iliana Romanovitch, dite Sasha, s'avère finalement être une femme, elle a l'irrésistible charme des créatures androgynes : « les jambes, les mains, le port étaient ceux d'un garçon, mais aucun garçon n'avait jamais eu une telle bouche ; aucun garçon n'avait ses seins ; aucun garçon n'avait ses yeux dont on eût dit qu'ils avaient été pêchés au fond de la mer[3] ».

Comme la narratrice le vérifie après la transformation d'Orlando en femme : « Si différents que soient les sexes ils se mélangent. Dans chaque être humain se produit une vacillation d'un sexe à l'autre, et souvent ce sont les seuls vêtements qui conservent l'apparence mâle ou femelle, cependant qu'au-dessous le sexe est à l'opposé même de ce qu'il est au-dessus[4]. » Ainsi, Virginia Woolf semble faire sienne l'assertion freudienne selon laquelle « si l'on ne tient pas compte de la bisexualité on ne parviendra guère à comprendre les manifestations sexuelles qui peuvent effectivement être observées chez l'homme et chez la femme[5] ».

1. M. Perrot, « L'indifférence des sexes dans l'histoire », J. André, *Les sexes indifférents*, Paris, Puf, 2005, coll. Petite bibliothèque de psychanalyse, p. 27.
2. *Orlando*, p. 410.
3. *Id.*
4. *Ibid.*, p. 499.
5. S. Freud, *Trois essais sur la théorie sexuelle*, Paris, Gallimard, 1987, p. 62.

L'hétérosexualité est, dans *Orlando*, battue en brèche par l'opiniâtreté d'un désir qui n'aime rien tant que l'ambiguïté, le mélange des genres, l'incroyable séduction du masculin au cœur du féminin et celle du féminin au cœur du masculin : « Nul être humain, depuis que le monde existe, n'a jamais paru plus ravissant. En sa forme unique se combinaient la force d'un homme et la grâce d'une femme[1]. »

En faisant vaciller à l'infini toutes les positions – un homme aime une femme qu'il croit être un homme mais qui est une femme qui est en réalité un homme – Virginia Woolf déconstruit l'évidence hétérosexuelle, laquelle finit par dévoiler sa véritable nature : une convention permettant l'assujettissement des femmes dans et par le mariage à des fins reproductives. Parvenu au XIXe siècle, Orlando devenu femme en fait la triste expérience : « Il lui semblait maintenant que le monde entier n'était qu'anneau d'or. Elle se rendait à des dîners. Il y avait profusion d'alliances. Elle allait à l'église. Il y avait des alliances partout… Orlando pouvait seulement supposer que quelque nouvelle découverte avait été faite concernant la race : qu'ils étaient en quelque sorte collés ensemble, couple après couple, mais qui avait fait cela et quand, elle n'arrivait pas à le deviner. Cela ne semblait pas être la Nature[2]. » En 1984, dans *Penser le sexe. Pour une politique radicale de la sexualité*, Gayle Rubin fait un constat relativement approchant : « La seule pratique sexuelle adulte qui soit légale dans tous les États américains, c'est l'introduction du pénis dans le vagin pour un couple marié[3]. »

1. *Orlando*, p. 469.
2. *Ibid.*, p. 528.
3. G. Rubin, *Surveiller et jouir. Anthropologie politique du sexe*, Paris, EPEL, 2010, p. 175.

Mais Virginia Woolf ne s'en tient pas à la promotion de l'homosexualité et à la déconstruction de la norme hétérosexuelle. Le genre lui-même vacille, voire s'effondre quand Orlando, à l'issue d'une étrange et inguérissable maladie, devient une femme. Pendant sa maladie, Vérité, Sincérité et Honnêteté, divinités affublées de majuscules parodiques, ont vaincu, après un long combat héroïcomique, Notre-Dame de Pureté, Notre-Dame de Chasteté et Notre-Dame de Modestie. Les ennemis du « trouble dans le genre », cinquante ans avant Judith Butler, sont clairement identifiés : pureté, chasteté et modestie, qualités traditionnelles du féminin dans le monde chrétien, sont les fers de lance des valeurs réactionnaires et conservatrices porteuses d'une immuable répartition du féminin et du masculin ; elles s'opposent à un changement qui menace l'ordre établi du genre, lequel serait garant de l'ordre établi tout court. De tout cela, Virginia Woolf s'amuse à l'évidence, et son roman, une fois Orlando devenu Orlanda, va enchevêtrer les genres jusqu'à l'absurde.

Il s'agit clairement pour Virginia Woolf, à travers cette fiction fantaisiste, de dévoiler la force des préjugés quant au sexe, force que ne tempère aucunement leur profonde relativité culturelle. Lorsqu'Orlando devient Orlanda, il/elle commence par rejoindre en Anatolie des gitans nomades, parce qu'ils sont, contrairement aux autres, peu soucieux de son identité sexuelle. Vérité en deçà des Pyrénées erreur au-delà : alors qu'Orlanda ne peut s'empêcher, très fière, de leur « décrire la maison où elle était née, comment elle comportait 365 chambres et appartenait à sa famille depuis quatre ou cinq cents ans[1] », cette confidence constitue pour les gitans le signe évident de son indécrottable roture : « le gitan pensait qu'il n'était pas ambition plus vulgaire que de posséder des

1. *Ibid.*, p. 474.

chambres par centaines [...] alors que la terre entière nous appartient[1] ». Il en va de même pour le genre : socialement construit, il n'a pas la même définition ni les mêmes valeurs selon les lieux et selon les époques. Orlando, qui traverse les genres comme les siècles, se désole de l'évolution victorienne du XIXe siècle qui rend le mariage obligatoire tout en privant les deux sexes de tout contact et en les figeant dans l'incommunicabilité : « Les sexes se séparèrent de plus en plus. Aucune conversation franche ne fut tolérée. Faux-fuyants et dissimulation furent pratiqués avec application de part et d'autre[2]. »

« Avec quelques-unes des guinées qui lui restaient de la vente de la dixième perle de son collier, Orlando s'était acheté un trousseau complet de vêtements féminins à la mode de cette époque-là, et c'est dans la tenue d'une jeune Anglaise de qualité qu'elle était maintenant assise sur le pont de *L'Amoureuse*. Le fait est étrange mais authentique : jusqu'à cet instant, c'est à peine si elle avait prêté attention à son sexe... En tout cas, c'est seulement lorsqu'elle sentit des jupes s'embobiner autour de ses jambes et que le capitaine lui proposa, le plus courtoisement du monde, de faire installer un auvent pour elle sur le pont, qu'elle prit conscience, dans un grand sursaut, des désavantages et des privilèges de sa position[3] ». Parce qu'il est un homme devenu femme, Orlando/Orlanda jouit, dans le continent des femmes, de la position de « l'étranger », celle-là même qui, dans le roman philosophique du XVIIIe siècle, permet de rendre visible les rouages invisibles de notre propre société : « Elle avait alors été la poursuivante, maintenant elle fuyait. À qui appartient la plus

1. *Ibid.*, p. 475.
2. *Ibid.*, p. 521.
3. *Ibid.*, p. 478.

grande des jouissances ? À l'homme ou à la femme ? Et ne sont-elles peut-être pas les mêmes ? Non... Refuser et céder, murmurait-elle, comme c'est délicieux ; poursuivre et vaincre, comme c'est majestueux ; percevoir et raisonner, comme c'est sublime[1]. » À chaque sexe ses prérogatives, dans une érotique qui identifie la passivité et l'activité comme les maîtres mots du masculin et du féminin régissant une comédie entre les sexes, qui, si elle est agréable, voire enivrante, ne doit en tout cas rien à la nature. Finalement, comme Freud, Virginia Woolf pourrait affirmer que : « Si l'on tente de les ramener à des principes plus originaires, la masculinité se volatilise en activité, et la féminité en passivité, ce qui est trop peu[2]. »

Trop peu, car ces positions ne prennent sens que dans un jeu qui les fait exister l'une par rapport à l'autre au sein d'une relation. Ainsi que l'écrit Judith Butler à propos de l'érotique complexe du couple lesbien *butch/fem* : « C'est la déstabilisation du rapport entre le corps et l'identité, le féminin et le masculin qui devient érotique[3]. » Il ne me semble pas cependant qu'il faille nécessairement en déduire, comme le fait Jacques André, que « la scène psycho-sexuelle de l'homosexualité est peut-être encore plus *heteros* que la scène hétérosexuelle, tant l'autre sexe y redouble d'altérité ». Dans *Orlando* au contraire, l'espace des relations entre femmes, une fois qu'elles sont débarrassées des hommes, jouit d'une liberté qui vient justement de l'abandon des codes du féminin en vigueur dans la confrontation avec les hommes. Pour

1. *Ibid.*, p. 479-484.

2. S. Freud (1920), *Sur la psychogénèse d'un cas d'homosexualité féminine, Névrose, psychose et perversion*, Paris, Puf, 1973, p. 270.

3. J. Butler (1990), *Trouble dans le genre. Le féminisme et la subversion de l'identité*, Paris, La Découverte, 2005, p. 241.

Virginia Woolf, nul doute que l'assertion de Jacques André ne saurait être qu'une parole d'homme sur les femmes, une parole témoignant de l'hégémonie d'un discours masculin qui ignore ce qui fait la spécificité du lien entre les femmes : « C'est ainsi qu'elles avaient coutume de se rassembler autour d'un bol de punch qu'Orlando se chargeait de fournir généreusement, et nombreux étaient les jolis récits qu'elles narraient et nombreuses les observations amusantes qu'elles faisaient, car l'on ne peut nier que lorsque des femmes se rassemblent – mais chut ! – elles ont toujours soin de veiller à ce que les portes soient fermées et que pas un seul mot n'en soit divulgué sous forme imprimée. Tout ce qu'elles désirent c'est – mais encore chut ! – n'entendez-vous pas un pas d'homme dans l'escalier ? Tout ce qu'elles désirent, nous étions sur le point de le dire lorsque ce monsieur nous ôta les mots de la bouche[1]. »

Si la liberté dont jouissent les femmes entre elles est à ce point transgressive, c'est sans doute parce qu'elle vient révéler à quel point le féminin est une construction qui peut être déconstruite. Au fond, dans *Orlando*, la féminité est littéralement décrite comme une mascarade, pourrait-on dire en paraphrasant le titre de l'article de Joan Riviere[2], c'est-à-dire comme un masque présenté aux hommes pour leur plaire : « Elle se souvenait du temps où elle était jeune homme, elle avait tenu à ce que les femmes soient obéissantes, chastes, parfumées, et parées de manière exquise. Maintenant je vais devoir payer de ma personne pour ces désirs-là, se dit-elle ; car les femmes ne sont pas (à en juger d'après ma brève expérience personnelle de ce sexe) obéis-

1. *Orlando*, p. 516.
2. J. Riviere, « Womanliness as a mascarade », *International journal of psychoanalysis*, 1929, 10, p. 303-313.

santes, chastes, parfumées et parées de manière exquise par nature… Il y a la coiffure, songeait-elle, qui à elle seule prendra une heure de ma matinée ; il y a le coup d'œil dans la glace, une autre heure ; il y a le corset et le laçage ; il y a la toilette et le poudrage[1]. » « On ne naît pas femme, on le devient », comprend en quelque sorte Orlando qui identifie alors le féminin au sommet de l'artifice. L'année qui suit la publication d'Orlando, Virginia Woolf conclut dans *Une chambre à soi* : « Depuis des siècles les femmes servent de miroirs aux hommes et possèdent ainsi le pouvoir magique et délicieux de réfléchir une image de l'homme deux fois plus grande que nature[2]. »

« Si l'on mettait en cause le caractère immuable du sexe, on verrait peut-être que ce que l'on appelle "sexe" est une construction culturelle au même titre que le genre ; en réalité, peut-être le sexe est-il toujours déjà du genre et, par conséquent, il n'y aurait plus vraiment de distinction entre les deux[3] », écrit Judith Butler dans *Trouble dans le genre*. Orlando parvient en effet, en devenant femme, à la conclusion qu'il n'y a pas de sexe féminin qui ne soit en réalité une condition féminine. Virginia Woolf subvertit le motif littéraire traditionnel du travestissement cher à Shakespeare, à Marivaux, ou encore à Goldoni, motif qui bouleverse les relations de pouvoir entre les sexes et les classes sociales tout en reposant sur une identité de genre et de classe au fond immuable. Subversion, car chez Orlanda, le vêtement n'est plus ce qui cache et déguise le vrai sexe : « Elle n'éprouvait, semble-t-il, aucune difficulté à tenir ces différents rôles car son sexe changeait beaucoup plus fréquemment que ne

1. *Orlando*, p. 480.

2. Virginia Woolf (1929), *Une chambre à soi, Romans, Essais,* Paris, Gallimard, « Quarto », 2014, p. 1135.

3. J. Butler, *Trouble dans le genre, op. cit.*, p. 69.

peuvent le concevoir ceux qui n'ont porté qu'une seule vêture[1]. » Orlando, qui change littéralement de sexe comme de chemise, fait apparaître que le sexe lui-même n'est qu'un vêtement : « Ce sont les vêtements qui nous portent et non l'inverse ; nous avons beau les mouler sur le bras ou la poitrine, ils moulent nos cœurs, nos cerveaux, nos langues selon leur bon plaisir[2]. » Commentant Judith Butler, Jacques André note : « L'assignation de genre ne se contente pas d'enregistrer, elle « performe », elle fait exister ce qu'elle nomme. » Mais *Orlando* va bien au-delà d'un genre et d'un sexe performés *dans* et *par* le langage. En faisant du sexe un oripeau aussi existentiellement négligeable qu'il est socialement déterminant, Virginia Woolf lui refuse tout lien avec l'identité du sujet : « Nous pouvons profiter de cette pause dans le récit pour énoncer quelques affirmations. Orlando était devenu une femme – la chose est incontestable Mais, à tout autre égard, Orlando restait exactement tel qu'il avait été. Le changement de sexe, bien qu'il altérât son avenir, n'altéra aucunement son identité[3]. »

Mais, s'il n'est pas une femme, ni un homme, qui est donc Orlando ? Parce qu'il est un être intrinsèquement bisexuel au point qu'il devient impossible de statuer sur son genre, Orlando est toujours à la fois homme et femme, même quand il est l'un ou l'autre : « Car c'était ce mélange en elle de l'homme et de la femme, l'un l'emportant et ensuite l'autre, qui donnait à sa conduite un tour inattendu… Ainsi, il est difficile de dire si Orlando était surtout homme ou femme et la question ne peut pour l'heure être tranchée[4]. » Parce qu'il est un être profondément *trans*,

1. *Orlando*, p. 516-517.
2. *Ibid.*, p. 498.
3. *Ibid.*, p. 469-470.
4. *Ibid.*, p. 499.

Orlando transcende les genres comme les époques et les lieux. Insensible aux limites, il/elle fait coïncider les contraires dans une constante et permanente métamorphose : « Et pourtant, en dépit de tous ses voyages, elle n'était encore qu'en cours de fabrication. Ce que l'avenir réservait, Dieu seul le savait. Le changement était incessant, et le changement peut-être ne cesserait jamais[1]. » Cette polymorphie fait-elle d'Orlando, véritable Protée du XXe siècle, une incarnation du sexuel infantile, ce « Sexual[2] » dont Laplanche rappelle qu'il est, en raison même de sa polymorphie, « l'ennemi intime du genre[3] » ? Ou, (mais, comme le rappelle Laplanche, cela revient peut-être au même[4]), Orlando serait-il une incarnation romanesque de l'inconscient freudien, cet inconscient qui ne connaît ni le temps, ni la mort, ni la négation, cet inconscient qui ignore absolument tout du genre ?

Il existe en effet chez Virginia Woolf une tentative d'excéder, au moyen de la fiction, des catégories dont elle dénonce par ailleurs, dans *Une chambre à soi* comme dans *Trois guinées*, le pouvoir d'exclusion et de discrimination. Avec *Orlando*, Virginia Woolf réalise une fable, une allégorie porteuse d'un idéal d'indifférence des sexes et d'indifférence quant au sexe, lui-même sous-tendu par un idéal de diffraction du moi, au point qu'Orlando finit par être qualifié par la narratrice de « personnage tout désassemblé » : « Car elle avait une grande variété de moi à sa disposition, bien plus nombreux qu'il nous a été possible d'en loger ici, étant donné que l'on considère une biographie achevée si

1. *Ibid.*, p. 491.
2. J. Laplanche, « Le genre, le sexe, le sexual », *Sexual*, Paris, Puf, « Quadrige », 2007, p. 155.
3. *Ibid.*, p. 163
4. « L'inconscient n'est-il pas finalement le *sexual* ? On peut se poser à juste titre la question », *ibid.*, p. 155.

elle se contente de six ou sept moi, alors qu'une personne peut bien en avoir autant de milliers[1]. » Proche de sa créatrice, l'identité profonde d'Orlando, si dissociée et diffractée qu'elle soit, se rassemble néanmoins dans son amour pour la contemplation de la nature et dans son désir d'écrire : « J'ai trouvé mon compagnon, murmura-t-elle. C'est la lande. Je suis l'épousée de la nature, fit-elle à voix basse, s'abandonnant, extatique, aux froides étreintes de l'herbe cependant qu'elle gisait enveloppée de sa cape dans un creux au bord de l'étang[2]. » La dimension utopique d'un tel récit est sensible, aussi bien dans les libertés à l'égard du principe de réalité qu'autorise l'œuvre de fiction que dans le ton largement distancié et humoristique de la narration.

Qu'Orlando soit une fiction, et, qui plus est, une fiction utopique, ne doit toutefois pas nous conduire à sous-estimer son pouvoir de déstabilisation quant à l'ordre établi des genres et des sexes. L'utopie, si elle est par définition un hors-lieu, « a d'abord pour fonction, comme l'écrit Miguel Abensour, de soulever la pesanteur du réel ou de ce qui se donne pour tel. Et pour s'y soustraire, l'utopie le déplace, le fait bouger, le fait sortir de ses gonds, pour entrevoir, au-delà de la chape de plomb de l'ainsi-nommé réel, une altérité, un être autrement[3] ». C'est donc précisément parce qu'*Orlando* comporte l'idée utopique qu'on pourrait changer de sexe comme de chemise qu'il fait entrevoir par contraste la rigidité d'une identité de genre dont l'assignation vient pourtant toujours de l'extérieur. L'utopie agit comme un révélateur photographique : en

1. *Orlando*, p. 568.
2. *Ibid.*, p. 532.
3. M. Abensour, *Utopiques II. L'homme est un animal utopique*, Paris, Sens et Tonka, 2013, p. 278.

présentant un ailleurs qui fonctionne souvent comme un envers du réel (pensons à l'Eldorado de *Candide*), l'utopie « révèle », non seulement les travers de la société telle qu'elle existe réellement, mais aussi et surtout les principes qui sous-tendent une telle organisation. Ainsi, en imaginant un être qui transcende l'ordre du genre, Virginia Woolf fait apparaître ce qui sous-tend cet ordre, à savoir ce qu'Irène Théry nomme, non pas domination masculine, mais domination du masculin sur le féminin, une domination à l'organisation complexe, susceptible d'infinies variations, n'excluant pas un certain nombre de contre-pouvoirs, mais postulant néanmoins une supériorité du masculin sur le féminin[1].

Orlando devenu femme s'affronte d'ailleurs à cette réalité de la domination, puisque Virginia Woolf, en jouant sur les différents genres littéraires, admet le principe utopique de la transformation de sexe, mais se confronte cependant aux conséquences réelles, ou en tout cas « réalistes », de son changement de sexe. Or, pour Orlanda, le genre, c'est le destin. À peine transformée en femme, elle se voit dépossédée de son château et de ses terres, comme le fut son modèle, Vita Sackville-West, déshéritée de son château de Knole à la mort de son père, en vertu de la loi anglaise qui fait alors des mâles les seuls héritiers possibles : « Les principaux chefs d'accusation la concernant étaient 1° qu'elle était morte, et par conséquent ne pouvait détenir quelque propriété que ce soit. 2° qu'elle était une femme, ce qui revenait quasiment au même[2]. » Dépossédée de toutes ses propriétés parce que femme, il ne reste plus à Orlanda qu'à se marier pour devenir la propriété d'un

1. I. Théry, *La domination masculine existe-t-elle ?*, conférence APF, septembre 2015, non encore publiée.

2. *Orlando*, p. 487.

homme : « Elle se sentait bel et bien empoisonnée de part en part, et fut forcée à la longue d'envisager le plus désespéré des remèdes, à savoir de s'abandonner complètement et dans une totale soumission à l'esprit du temps, et de prendre mari. Que cela ait été fort opposé à son tempérament naturel a été suffisamment démontré… Telle est la nature indomptable de l'esprit du temps, cependant, qu'il met à mal quiconque tente de lui tenir tête bien plus efficacement que ceux qui se plient de son côté[1]. »

Tenir tête, voilà certes un point commun à Virginia Woolf aux *gender studies*, point commun qu'on ne saurait réduire au fait qu'elles sont toutes femmes, féministes et lesbiennes, – et donc forcément têtues ! –, mais qui semble bien prendre son origine dans ce que Miguel Abensour nomme sa « conversion utopique », conversion qui chez lui tire son origine « d'une révolte soutenue à l'encontre de la haine de l'utopie » : « Pour les tenants de l'ordre existant, il importe de rejeter l'utopie du côté de l'impossibilité pour mieux liquider son impulsion à l'altérité[2]. » L'utopie, parce qu'elle prend le risque de représenter ce qui *pourrait être* plutôt que ce qui *est*, ouvre une brèche quant à la possibilité d'un changement. Quand Judith Butler écrit, à la fin de *Trouble dans le genre* : « Si les identités ne sont plus stabilisées comme les prémisses d'un syllogisme politique… une nouvelle configuration politique pourrait bien naître des cendres de l'ancienne. Les configurations culturelles du sexe et du genre pourraient se multiplier », elle semble bien participer d'une « conversion à l'utopie » entendue comme la « disposition qui, grâce à un exercice de l'imagination ne redoute pas dans une société donnée d'en transcender les

1. *Ibid.*, p. 529.
2. M. Abensour, *Utopiques II. L'homme est un animal utopique, op. cit.* p. 15.

limites et de concevoir ce qui est différent, le tout autre social[1] ».

De *Trouble dans le genre* en 1990 à *Défaire le genre* en 2004, le programme de Judith Butler est éminemment politique[2]. Il vise la liberté. Mais une telle liberté n'est-elle pas une vue de l'esprit, le signe du fait que, comme le note Jacques André, « le performatif finit par se convaincre de la magie de son propre pouvoir et que le langage se croit seul au monde » ? Le réel des corps ne vient-il pas en effet contredire cet espace utopique dans lequel tout se performerait à l'infini ? Foucault semble aller dans ce sens quand il semble admettre que « mon corps c'est le contraire d'une utopie… une *topie* impitoyable[3] ». Mais Foucault inverse ensuite totalement son propos pour conclure que « mon corps », ce corps que l'on maquille, que l'on tatoue, ce corps dont on rêve qu'il vole ou qu'il s'étend démesurément sur le monde, ce corps qui est le centre du monde, de notre monde, est au contraire « l'acteur principal de toutes les utopies[4] ». Car le corps n'est jamais objectivement perçu, il est lui aussi l'objet d'une construction dans laquelle l'imaginaire, comme Lacan l'a montré, occupe une place prépondérante. À propos de la différence des sexes dans l'histoire de la biologie, Thomas Laqueur a montré, dans *La Fabrique du sexe*, comment le discours médical se charge d'imaginaire dès lors qu'il s'agit de se représenter le sexe féminin allant jusqu'à ignorer ou à contredire les avancées pourtant permises par l'observation anatomique des cadavres[5].

1. *Ibid.*, p. 16.
2. J. Butler (2004), *Défaire le genre*, Paris, Éditions Amsterdam, 2006.
3. M. Foucault *Le corps utopique, les hétérotopies*, Paris, Nouvelles Éditions Lignes, 2009, p. 9.
4. *Ibid.*, p. 14-15.
5. T. Laqueur (1990), *La Fabrique du sexe*, Paris, Gallimard, « Folio Essais », 1992.

Le dialogue de la psychanalyse et des études de genre est aussi difficile que nécessaire, et Jacques André a raison de rappeler que « le déterminisme psychique inconscient est autrement moins plastique et déplaçable que le déterminisme social ». L'idéal de liberté quant au genre et au sexe se heurte, comme toute liberté humaine, à la façon dont l'inconscient gouverne les esprits, les corps, et enfin et surtout les modalités de désir et de jouissance. Freud, en constatant en 1930, soit deux ans après la publication d'*Orlando*, l'intensité du « malaise dans la culture », indissociable de la force des sacrifices imposées par la culture au désir et au plaisir, au point que même « l'amour génital hétérosexuel continue à subir le préjudice causé par les limitations de la légitimité et la monogamie[1] », est plus que sceptique quant aux forces de changement propres à la vie psychique : « On croit parfois reconnaître que ce n'est pas seulement la pression de la culture mais quelque chose tenant à l'essence de la pulsion elle-même qui nous refuse la pleine satisfaction et nous pousse sur d'autres voies[2]. » Et pourtant, la psychanalyse n'est pas si éloignée qu'il n'y paraît d'une ouverture au nouveau, car, comme Jacques André le rappelle également, « l'espoir de changement sur lequel elle repose laisse ouverte une marge de négociation ». Ainsi, la psychanalyse doit aujourd'hui se garder de réifier des catégories conceptuelles dont Freud a toujours montré à quel point il était possible au contraire de les déconstruire pour en faire apparaître le caractère à la fois coercitif et artificiel. Le fait que l'inconscient ignore le temps ne signifie pas qu'il y échappe, il est le produit du refoulement primaire, il est donc toujours déjà inscrit dans

1. S. Freud (1930), *Le Malaise dans la culture, Œuvres complètes*, XVIII, Paris, Puf, 1994, p. 291.

2. *Ibid.*, p. 292.

une histoire à la fois individuelle et collective, il est lui aussi un construit et non un donné. Du coup, n'en déplaise à Freud et à sa conviction phylogénétique, nous ne pouvons en aucun cas considérer que la structure de l'inconscient serait immuable et éternelle, qu'elle serait insensible aux évolutions et aux variations de la culture et qu'elle se reproduirait en chacun de nous inchangée depuis la nuit des temps.

Au fond, la question est celle du pouvoir du langage. Ce que le langage a fait, le langage peut-il le défaire ? La psychanalyse fait ce pari-là, même si son exercice confronte quotidiennement l'analyste à la force du déterminisme inconscient et de la compulsion de répétition. Les études de genre aussi font ce pari ; par la création de nouveaux mots, *butch, fem, intersexué, neutre*, elles tentent d'échapper à la norme hétérosexuelle comme à la binarité du « c'est une fille ! c'est un garçon ! » et à l'effroi qui surgit quand ce n'est, à l'évidence, ni l'un ni l'autre[1]. Les deux ont en commun un régime, sinon utopique du moins libertaire, qui prétend défaire ce qui a été fait, ou qui du moins espère ouvrir des brèches là où la contrainte, qu'elle soit inconsciente, ou sociale, ou les deux, règne en maître. Leur dimension émancipatrice est leur éthique, leur force mais aussi leur fragilité, car toujours l'ordre établi, tant psychique qu'institutionnel, tente de faire perdurer ses prérogatives. La littérature aussi a ce pouvoir de libération, et peut-être a-t-elle dans son escarcelle quelque chose qui manque à la psychanalyse comme aux études de genre. Face au beau visage de Sasha, sa princesse russe, les mots manquent à Orlando : « Elle était pareille à un renard, ou à un olivier ;

1. Cf. l'article de Karinne Guéniche sur les hermaphrodites, « La perversion est-elle anatomique ? », *in* J. André, C. Chabert et P. Guyomard, *La Perversion, encore*, Paris, Puf, « Petite bibliothèque de psychanalyse », 2015.

pareille aux vagues de la mer lorsque vous les contemplez de très haut ; pareille à une émeraude ; pareille au soleil sur une verte colline encore ennuagée – pareille à rien qu'il ait vu ou connu en Angleterre. Il avait beau piller le langage, les mots lui manquaient. Il lui fallait un autre paysage et une autre langue. L'anglais était trop franc, trop sincère, trop sucre et miel pour Sasha [1]. »

Aveu d'impuissance pour Orlando, aveu de puissance pour Virginia Woolf qui sait comment donner à voir, dans sa langue à elle, pleine d'images inouïes, la beauté si singulière de Sasha. Sans doute nous faut-il reconnaître, avec Miguel Abensour, « que le projet politique, la recherche du meilleur régime, passe nécessairement par le recours à une forme nouvelle d'écriture [2] ». Parce qu'elle fait jouer à plein la force métaphoro-métonymique du langage, la forme toujours unique de l'écriture littéraire défait les clichés, apprivoise les monstres, donne forme à l'informe, ou rend informe la forme. Si l'écriture littéraire est libre, cela tient à sa potentialité inépuisable de création de nouvelles figures, à son inépuisable créativité dans et par le style : « Il y avait des montagnes, il y avait des vallées, il y avait des rivières. Elle grimpa les montagnes, sillonna les vallées, s'assit au bord des rivières. Elle compara les collines à des remparts, à des gorges de colombes et à des flancs de génisses. Elle comparait les fleurs aux émaux, et le gazon à des kilims élimés. Les arbres étaient des vieilles sorcières décharnées, et les moutons des blocs de rocher gris. Tout, en fait, était quelque chose d'autre [3]. » Après *Orlando*, il y a décidément quelque chose de troublé au royaume du genre.

1. *Orlando*, p. 416.
2. M. Abensour, *Utopiques II. L'homme est un animal utopique*, *op. cit.*, p. 279.
3. *Orlando*, p. 472.

Foucault contre Freud

JACQUES ANDRÉ

« Je brûlais d'enthousiasme pour ce livre, totalement... » Le mot est de Gail Rubin, aussitôt relayé par le même aveu passionné de Judith Butler dans un dialogue intitulé *Sexual traffic*[1]. Parmi les auteurs de la French theory (Lacan, Deleuze, Derrida...), tant sollicités par les *gender studies*, Foucault occupe une place privilégiée, et notamment « ce livre » tant aimé, *La volonté de savoir*. Parce que les études sur le genre sont d'abord une pensée politique, Foucault et son « analytique du pouvoir » sont « naturellement » devenus leur référence obligée. Et puis la rencontre théorique s'est doublée d'une rencontre personnelle, notamment avec Gail Rubin, sociologue spécialiste des communautés américaines à la fois gay et S/M. La Réserve de la Bibliothèque nationale en fut le théâtre, elle y découvre des nouvelles lesbiennes, lui parcourt les condamnations pour sodomie. Hors *La volonté de savoir*, un autre texte de Foucault va jouer un rôle non négligeable, son introduction à l'édition américaine des *Mémoires* d'Herculine Babin[2], né(e) hermaphrodite. En 1860, celle qui était

1. Traduit sous le titre *Marché au sexe*, EPEL, 2001.
2. Introduction, in *Herculine Babin, Being the Recently Discovered Memoirs of*

Alexina et a passé l'essentiel des 21 ans de sa vie dans des communautés religieuses féminines, est contrainte par la médecine et l'administration à changer de genre ; elle/il devient Abel et se suicidera 8 ans plus tard en laissant ses *Mémoires*. Au-delà de l'intérêt du document, Foucault se prend de passion pour le personnage, emporte son bâton d'archiviste pour en retrouver les traces entre La Rochelle et Oléron, imagine pouvoir en faire un film. Lui qui tiendra toujours à distance la confidence « psychique », trop menacée par la confusion avec la confession, évoque dans sa préface « les limbes heureux d'une non-identité ». Alexina, écrit Foucault, « n'était pas traversée par ce formidable désir de rejoindre "l'autre sexe" que connaissent certains qui se sentent trahis par leur anatomie ou emprisonnés dans une injuste identité. Elle se plaisait, je crois, dans ce monde d'un seul sexe où étaient toutes ces émotions et tous ses amours, à être "autre" sans jamais avoir à être "de l'autre sexe" ». Passons sur le fait qu'une lecture psychanalytique de ces *Mémoires* ouvre sur des hypothèses différentes, l'important est d'entendre chez Foucault cette communauté de fantasme avec les *genders*, qu'il s'agisse du « passage » d'un genre à l'autre à la Butler ou du rêve, exprimé par Gail Rubin, « d'une société androgyne et sans genre (mais pas sans sexe) où l'anatomie sexuelle n'aurait rien à voir avec qui l'on est, ce que l'on fait, ni avec qui on fait l'amour ». Quand Foucault, dans les dernières pages de *La Volonté de savoir*, évoque de façon aussi énigmatique que lapidaire ce qui pourrait être une « contre-attaque du dispositif de la sexualité », il en appelle aux « corps et aux plaisirs » (et non au « sexe-désir »). On

Nineteenth Century French Hermaphrodite, New York, Pantheon Books, 1980. *Herculine Babin dite Alexina B.*, présentation par M. Foucault, postface d'Éric Fassin, Gallimard, 2014.

peut supposer que les fantasmes prêtés à Alexina sont de la partie.

Le débat de la psychanalyse avec les *gender studies* et son débat avec Foucault ne se formule pas dans les mêmes termes, ne porte aux mêmes endroits. Impossible cependant de les dissocier.

★

« Qu'il s'agisse de la direction de conscience ou de la cure psychanalytique, le savoir du sexe emporte avec lui des impératifs de secret, un certain rapport au maître et tout un jeu de promesses qui l'apparentent encore à l'art érotique. Croit-on que, sans ses rapports troubles, certains achèteraient si cher le droit bi-hebdomadaire de formuler laborieusement la vérité de leur désir et d'attendre en toute patience le bénéfice de l'interprétation ? » (*Dits et écrits II, 1976-1988*, 104) Et que dire du patient qui s'allonge sur le divan trois fois par semaine… On pourrait, au gré des écrits de Foucault, faire ainsi l'inventaire des quelques attaques frontales de la psychanalyse, à l'image de celle-ci : « Avant la fin de l'année (1977), l'URSS va recevoir, pour la première fois, un congrès de psychanalystes (il faut bien qu'elle les reçoive puisqu'elle n'en a pas chez elle). Libéralisation ? Dégel du côté de l'inconscient ? Printemps de la libido soviétique ? Je vois surtout la reconnaissance du fait que, dite et interdite, la sexualité est un relais dont nul système moderne de pouvoir ne peut se passer. Craignons, craignons le socialisme à visage sexuel » (*Dits et écrits II, 1976-1988*, 263). L'agressivité polémique du propos a le mérite de laisser apparaître ce que la discussion historique et philosophique de *La Volonté de savoir* dissimule davantage : une vive hostilité pour la psychanalyse, voire de la haine.

L'Anglais anonyme qui publie à l'heure victorienne un

ouvrage intitulé *My secret life*, où il fait le récit méticuleux d'une vie consacrée au plaisir sexuel, et Freud, ces deux-là sont plus que des contemporains, ils partagent le même souci : « Il faut tout dire » (traduction par Foucault de l'énoncé de la règle fondamentale). Pour l'un et l'autre, il s'agit de combiner « le discours vrai sur le plaisir et le plaisir propre à l'énoncé de cette vérité » (102). « On dit parfois que l'Occident n'a jamais été capable d'inventer un seul nouveau plaisir. Compte-t-on pour rien la volonté de fouiller, traquer, d'interpréter, bref le “plaisir d'analyse”, au sens large du terme ? » (103)

De Jean de Gerson à Sigmund Freud, un même dispositif de pouvoir et de savoir conjugués s'appliquerait depuis des siècles à faire discourir le sexe. Le premier (1363-1429), surnommé *Doctor Christianissimus*, auteur notamment de *La Médecine de l'âme* et de *L'Examen de conscience*, digne héritier du Concile de Latran (1215) et de sa régulation de la confession et de la pénitence, fait s'agenouiller sur le prie-Dieu du confessionnal celui qu'il écoute, le patient du second s'allonge (dans les deux sens du terme) sur le divan du Docteur viennois. Les « aveugles » ont cru que « Freud restituait enfin au sexe, par un retournement soudain, la part qui lui était due et qui lui avait été si longtemps contestée ; ils n'ont pas vu que le bon génie de Freud l'avait placé en un des points décisifs marqués depuis le XVIIIe siècle par les stratégies de savoir et de pouvoir ; et qu'il relançait ainsi avec une efficacité admirable, digne des plus grands spirituels et directeurs de l'époque classique, l'injonction séculaire d'avoir à connaître le sexe et à le mettre en discours. »[1] Que l'expression « levée du refoulement » se substitue à l'obtention de « l'aveu », ne change rien à une volonté de

1. M. Foucault, *Histoire de la sexualité I, La volonté de savoir*, Paris, Gallimard, 1976, p. 210.

savoir et de pouvoir qui a découvert dans les associations libres l'ultime raffinement d'une technique pour arracher au sexe la vérité du sujet humain. « L'histoire du dispositif de sexualité, tel qu'il s'est développé depuis l'âge classique, peut valoir comme archéologie de la psychanalyse. » (172)

Cette dernière expression aurait été un titre possible pour l'ouvrage, tant il est sous-tendu par ce projet. Freud n'a rien inventé, la psychanalyse n'a rien révolutionné... c'est plutôt le contraire, elle parachève plus qu'elle ne découvre une équation entre le sexe et la vérité enracinée dans les profondeurs du Christianisme. De la plus lointaine tradition monastique jusqu'à Freud en passant par Sade, s'est imposée la même « tâche infinie de dire, de se dire à soi-même et de dire à un autre, aussi souvent que possible (trois fois par semaine !), tout ce qui peut concerner le jeu des plaisirs, sensations et pensées innombrables qui, à travers l'âme et le corps, ont quelque affinité avec le sexe. » (29) Curieusement, le nom de Lacan n'apparaît jamais dans *La Volonté de savoir*. Entre l'enracinement familial catholique de celui-ci et sa psychanalyse au Nom-du-Père, il y aurait eu pourtant de quoi apporter de l'eau au moulin. De la figure aussi dominante que silencieuse du Père symbolique, tout droit sortie de la tradition monothéiste, Lacan précise que la seule parole qu'il pourrait éventuellement proférer serait : « Je suis celui qui suis. » L'absence manifeste n'empêche cependant pas la présence implicite, notamment quand Foucault prête à « l'effort freudien » ce qui revient de droit à Lacan : « donner comme principe à la sexualité la loi, la loi de l'alliance, de la consanguinité interdite, du Père-Souverain ; bref, convoquer autour du désir tout l'ancien ordre du pouvoir. » (198) L'évitement du nom de Lacan est d'autant plus problématique que ce que Foucault nomme « sexualité » est à bien y regarder très peu freudienne, elle a en revanche davantage de proximité avec ce qu'elle devient chez Lacan. Entre la Castration élevée au rang de la Loi et la collusion sexualité/pouvoir, l'*epistémè* structuraliste engendre quelques analogies.

« Foucault contre Freud[1] », l'idée est un peu de procéder, sinon à une archéologie de *La Volonté de savoir*, au moins à une analyse des ambiguïtés qui marquent le recours à la psychanalyse. La folie, l'enfermement, la sexualité... Les histoires de Foucault ne se limitent pas à la spécificité de leur objet. Par-delà chacune, c'est une « analytique du pouvoir » que l'œuvre dans son ensemble tente d'écrire. La thèse est bien connue, elle s'approche du pouvoir par l'envers du décor : « La mécanique du pouvoir est-elle bien pour l'essentiel de l'ordre de la répression ? L'interdit, la censure, la dénégation sont-ils bien les formes selon lesquelles le pouvoir s'exerce d'une façon générale, peut-être dans toute société, et à coup sûr dans la nôtre ? » (*VS*, 18) Ou n'est-ce pas le contraire, le dispositif du pouvoir n'est-il pas essentiellement tourné vers l'incitation, vers la production de formes nouvelles, ne crée-t-il pas ce qu'il semble ne vouloir que contrôler ? Parmi les précurseurs de ce retournement auquel se livre Foucault, il faut au moins compter Lévi-Strauss, même si lui non plus n'est pas cité. On sait que l'auteur des *Structures élémentaires de la parenté* avait renversé le point de vue prévalant depuis Frazer, concernant la prohibition de l'inceste, qui reposait jusque-là sur la solidarité du désir et de l'interdit (à quoi bon interdire ce qui ne serait pas désiré ?), idée reprise par

1. Mon titre doit quelque chose à une remarque lointaine de Jean-François Lyotard qui faisait suite à la publication de *Les Mots et les choses* (1966). « Au fond, j'ai le sentiment que c'est un livre contre Marx », disait-il. Une des leçons du livre de Foucault est en effet qu'il n'y a aucune différence qualitative entre Ricardo (qu'il privilégie), Adam Smith et Marx, trois économistes relevant de la même *épistémè* et soumis au pouvoir d'un même discours qui à la fois les englobe et les dépasse.

Freud dans *Totem et Tabou*. La face négative de la prohibition, soutient Lévi-Strauss, masque l'essentiel : une invitation positive à l'alliance, à l'exogamie, qui reste pour les groupes humains la meilleure façon de se protéger de la guerre (idée reprise de Taylor). Interdire l'inceste, plus radicalement l'endogamie, pour empêcher le meurtre et créer le lien social.

Appliqué à la sexualité, l'argument de Foucault s'enfile comme un gant. Derrière les faits manifestes de répression, interdiction et exclusion, la « mise en discours du sexe », depuis au moins la fin du XVIe siècle, « loin de subir un processus de restriction, a au contraire été soumise à un mécanisme d'incitation croissante ; les techniques du pouvoir qui s'exercent sur le sexe n'ont pas obéi à un principe de sélection rigoureuse mais au contraire de dissémination et d'implantation des sexualités polymorphes… la volonté de savoir ne s'est pas arrêtée devant un tabou à ne pas lever, mais elle s'est acharnée à constituer une science de la sexualité. » (*VS*, 21) Le régime du pouvoir, mêlant coercition, plaisir et discours n'est pas inhibiteur mais constitutif du domaine complexe de la sexualité.

Sans qu'il soit nécessaire d'y insister longuement, on voit pourquoi les *gender studies*, et notamment Judith Butler, on fait de Foucault leur auteur de chevet. D'abord l'idée que le sexe, la sexualité n'existent pas en dehors du *discours sur le sexe*, ensuite l'image d'un pouvoir qui crée, produit une sexualité à laquelle il impose son ordre, ces deux registres riment sans peine avec l'accent mis par Butler sur la force performative du langage (le mot crée la chose) quand il s'agit du genre ou du corps, et la place décisive accordée à l'assignation culturelle et politique dans la production du genre et de la sexualité.

*

Le raisonnement de Foucault n'est pas seulement brillant dans sa forme, il est aussi parfois convaincant, on ne s'en débarrasse pas d'un revers de main. Réduire les stratégies de pouvoir à ses capacités d'interdire et de réprimer est un point de vue politiquement très étroit. Foucault ne se contente pas de défaire cette idée simple, il soutient contre l'angélisme qu'il n'y a pas d'en-dehors du pouvoir et que l'opposition à celui-ci participe du même registre de discours et de représentations que ce qu'elle combat. L'homosexualité, par exemple… l'apparition au XIXe siècle, dans la psychiatrie, la jurisprudence, la littérature de discours (discriminatoires) sur les espèces et sous-espèces d'homosexualité, a permis à coup sûr une forte avancée des contrôles sociaux dans cette région des « perversités ». Mais elle a permis aussi un discours en retour : l'homosexualité s'est mise à parler d'elle-même (Oscar Wilde), à revendiquer sa légitimité et sa « naturalité ». « Il n'y a pas d'un côté le discours du pouvoir et en face, un autre qui s'oppose à lui. » (*VS*, 134) Ici, l'écart avec les *gender studies* devient palpable : Judith Butler est aussi politiquement militante que Foucault est resté à l'écart de tout engagement (autre que ponctuel et singulier), y compris celui du *coming out*. Le pouvoir est un placard dont on ne sort jamais, sauf dans l'illusion.

La moindre des choses pour une critique psychanalytique de la thèse de Foucault est d'éviter de faire simple. Certaines des remarques de Foucault, les plus évidemment hostiles, y inviteraient pourtant. Ce ne sont jamais des attaques sans fondement, elles s'étayent sur des dérives de la psychanalyse, qu'il s'agisse de l'utilisation détournée du transfert ou d'une participation à une idéologie normative. Ces attaques appellent certes une réplique, mais en précisant bien que cette discussion-là est secondaire par rapport au débat de fond avec *La volonté de savoir*.

Quelques exemples... « L'instance de domination, écrit-il, n'est pas du côté de celui qui parle (car c'est lui qui est contraint) mais du côté de celui qui écoute et se tait ». (*VS*, 84) L'analytique du pouvoir décèle le pouvoir du psychanalyste. La chose n'est pas simplement fausse, la dissymétrie instaurée par le dispositif de la cure entre analyste et analysant manque rarement d'être traduite par le patient en termes de soumission, inégalité, abus de pouvoir, injustice, indifférence, enseignement... Sauf que toutes ces figures, et les fantasmes qui ne manquent jamais d'être à leur source, sont pour l'analyse un matériel comme un autre, c'est-à-dire analysable comme le reste. Impossible d'analyser, de délier la domination, d'en défaire l'éventuelle entrave si elle ne se répète pas, si elle ne se *transfère* pas. Cela ne met pas le psychanalyste à l'abri de cultiver (consciemment ou non) ce pouvoir dont il est investi. Par exemple en conviant son analysant à son séminaire, incarnant ainsi la figure du Maître. Mais ce détournement du transfert en est aussi la perversion, elle concerne moins le psychanalyste que celui a cessé de l'être.

Deuxième exemple... il rejoint l'assimilation de la psychanalyse à un *ars erotica* : le formidable « plaisir à l'analyse » se nourrit d'un « foisonnement de fantaisies secrètes qu'on paye si cher le droit de chuchoter à qui sait les entendre ». (*VS*, 95-96) Passons sur l'affirmation d'une identité implicite des deux espaces du confessionnal et du cabinet (de curiosité) de la psychanalyse, j'y reviendrai à propos de l'aveu et du secret, retenons la part de vérité. Au confessionnal et au cabinet, il faudrait d'ailleurs ajouter, *via* l'argent (il faut aussi les « allonger »), la présence du lupanar. Tout cela se confond dans le même *epistémè*. Sans être générale, l'équation entre l'argent des séances et celui de la passe a la fréquence du fantasme de prostitution et de la figure de la Putain, cette dernière aussi originaire que le fantasme de scène primitive. Plus largement, c'est la question de l'amour de transfert à quoi renvoie la remarque de Foucault. Dire le plus intime au plus étranger, un tel dispositif de parole ne se contente pas de voir surgir l'amour, il le provoque. Pour le bien de l'analyse, parce que cet amour est un puissant vecteur, pour sa difficulté, parce que l'amour de transfert est aussi la première des résistances. Métier dangereux, plus d'un psychanalyste s'est pris pour l'amant. Comme d'autres se prennent pour le Maître, ou la mère… Toute « réalisation » par le psychanalyste de la figure de transfert qui le convoque signe la sortie de la psychanalyse, son détournement. Sans l'ombre d'un doute, la position à la fois technique et déontologique de « l'égal suspens » n'est pas facile à tenir. Il reste que toute l'érotique susceptible de s'emparer de la situation analytique est elle aussi un matériel comme un autre, analysable comme le reste pour peu que le transfert (et son interprétation) condense à lui seul tout l'agir.

Troisième et dernier exemple « simple » : celui qui verse la psychanalyse au compte de la police des familles. Elle avait pourtant d'abord semblé « parcourir la sexualité des individus hors du contrôle familial », mais voilà que la psychanalyse retrouve « au cœur même de cette sexualité, comme principe de son intelligibilité, la loi de l'alliance, les jeux mêlés de l'épousaille et de la parenté, l'inceste. » (*VS*, 148-149) Le « d'abord » signifie-t-il Freud, et le « ensuite » un Lacan mâtiné de Lévi-Strauss ? Les mots choisis vont dans ce sens, mais Foucault se garde bien de quitter le niveau de la généralité. Son « archéologie » de la psychanalyse évite prudemment de faire un pas à l'intérieur du bâtiment. L'attaque peut suivre, anticipant sur l'*Anti-Œdipe* de Deleuze et Guattari : « Parents, ne craignez pas de conduire vos enfants à l'analyse : elle leur apprendra que, de toute façon, c'est vous qu'ils aiment.

Enfants, ne vous plaignez pas trop de ne pas être orphelins et de retrouver toujours au fond de vous-même votre Mère-Objet ou le signe souverain du Père : c'est par eux que vous accédez au désir. De là, après tant de réticences, l'immense consommation d'analyse dans les sociétés où le dispositif d'alliance et le système de famille avaient besoin de renforcement. » (*VS*, 149) C'est vrai que tout le monde n'a pas la chance d'être orphelin... La dépendance fondatrice de tout être humain, *Hilfosigkeit*[1] oblige, aux premiers objets de soins, d'amour et de haine, cette dépendance arrachera un cri du cœur, presque un cri de douleur, à Judith Butler, tant elle fragilise son argumentation sur la plasticité du genre et s'impose comme une limite infranchissable à celle-ci : « L'apprentissage des normes est lié à un marchandage de l'amour ; c'est une chose inévitable, dans la mesure où l'enfant est nécessairement, en dépit de son bon sens, passionnément attaché à ceux qui l'élèveront. C'est le lot humiliant de tous les êtres humains : nous aimons ces êtres humains qui se trouvent être nos parents ou qui prennent soin de nous ; il est terrible de découvrir que nous n'avons pas d'autre choix que de les aimer, et que cet amour est absolu[2]. » Foucault, sur son Aventin, se gardera bien de commettre un tel faux pas. Cela ne suffit pas à se débarrasser d'un mot de sa critique. Le psychanalyste, y compris le premier d'entre eux, n'est pas à l'abri d'un propos normalisateur. Et côté idéologie familiale, certains ont beaucoup donné de la voix et de la plume ces derniers temps, s'autoproclamant « experts » en santé psychique auprès des instances politiques et médiatiques. La psychanalyse a ses limites,

1. L'incapacité à se venir à lui-même en aide qui caractérise le nouveau-né, ordinairement traduit par « état de détresse ».

2. *Humain, inhumain*, p. 119.

celles qu'impose sa méthode ; et il n'est que trop facile de passer au-delà, notamment en franchissant celle qui consiste à se refuser à savoir (et encore moins décider) le Bien de son patient. Rien là d'une attitude morale, c'est une exigence technique, une des conditions de possibilité pour qu'une analyse puisse s'engager. Des « psychanalystes » se mettent au service de la police des familles, pas *la* psychanalyse. La crainte exprimée par le patient que son analyse ne le conduise à délier sa famille elle-même est autrement plus fréquente que la peur inverse d'un renforcement du « bon ordre ». Une crainte et une peur qui sont un matériel comme un autre.

Passons aux choses compliquées et à l'essentiel de la critique. Celle-ci se déploie sur deux plans distincts, le premier, formel, concerne la construction de l'argumentation de Foucault ; le second, au niveau du contenu, porte sur deux thèmes : la sexualité et l'aveu.

Une discussion qui prendrait tout son temps devrait serrer de près chacun des termes : pouvoir, savoir, volonté, vérité… Je m'en tiens à une remarque et ne retiens que quelques citations de la *Volonté de savoir*, quand le fil rouge en question court du début à la fin de l'ouvrage :

« Le sexe, selon la nouvelle pastorale, ne doit plus être nommé sans prudence ; mais ses aspects, ses corrélations, ses effets doivent être suivis jusque dans leurs rameaux les plus fins : une ombre dans une rêverie, une image trop lentement chassée, une complicité mal conjurée entre la mécanique du corps et la complaisance de l'esprit : tout doit être dit. » (*VS*, 28)

« L'essentiel est bien là. Que l'homme occidental ait été depuis trois siècles attaché à cette tâche de tout dire sur son sexe ; que depuis l'âge classique il y a eu une majoration constante et une valorisation toujours plus grande du discours sur le sexe ; et qu'on ait attendu, de ce discours soigneusement analytique, des effets multiples de déplacement, d'intensification, de réorientation, de modification sur le désir lui-même. » (*VS*, 33)

« nous demandons (au sexe) de dire la vérité (mais nous réservons, puisqu'il est le secret et qu'il s'échappe à lui-même, de dire nous-même la vérité enfin éclairée, enfin déchiffrée de sa vérité) ; et nous lui demandons de nous dire notre vérité, ou plutôt, nous lui demandons de dire la vérité profondément enfouie de cette vérité de nous-mêmes que nous croyons posséder en conscience immédiate » (*VS*, 93)

J'arrête là un inventaire qui pourrait encore produire de nombreuses occurrences. S'agit-il là d'une archéologie de la psychanalyse ou d'une réflexion politique sur l'histoire de la sexualité en Occident *à la lumière* de la psychanalyse ? La psychanalyse est-elle l'objet de l'interrogation ou son instrument ? Si l'on répond les deux, ce qui n'est pas inexact, on tombe sur l'inconvénient de la pétition de principe. Il est impossible d'écrire ce que Foucault écrit sans emprunter à la psychanalyse, d'abord à Freud, ce que celle-ci a inventé et théorisé. Plutôt qu'une archéologie de la psychanalyse, *La Volonté de savoir* propose une histoire très marquée par le point de vue rétrospectif et par l'intelligibilité psychanalytique.

J'aurais pu sélectionner des exemples plus immédiats de cette confusion, de cette utilisation des mots et du mode de penser psychanalytiques retournée contre leur source. Ainsi… « s'est constitué depuis plusieurs siècles un savoir du sujet ; savoir non pas tellement de sa forme, mais de qui le scinde ; de ce qui le détermine peut-être, mais surtout le fait échapper à lui-même… La causalité dans le sujet, l'inconscient du sujet, la vérité du sujet dans l'autre qui sait, le savoir en lui de ce qu'il ne sait pas lui-même, tout cela a trouvé à se déployer dans le discours du sexe » (*VS*, 93, 94).

Cela ne fait pas de l'histoire de Foucault une histoire psychanalytique, tout simplement parce que ce qui est emprunté à la psychanalyse (le sujet scindé, déterminé par cela même qui est à l'écart de la conscience, et que révèlent l'ombre d'une rêverie, une fantaisie, une complaisance somato-psychique...) côtoie, faut-il dire des méconnaissances, des malentendus, peut-être des falsifications, en tout cas il mêle au penser psychanalytique un discours qui ne lui doit rien et l'ignore. C'est vrai et de l'idée de la sexualité, et de l'accent mis sur l'aveu. Au-delà des passages qui intriquent explicitement l'archéologie du discours occidental sur le sexe et l'intelligibilité psychanalytique, il est encore des façons plus subtiles chez Foucault d'immiscer quelque chose de la psychanalyse pour en définitive lui refuser la moindre originalité. Quelques signifiant-clés, semés tout au long du texte, ont cette force d'évoquer la psychanalyse en pleine « analytique du pouvoir ». C'est le cas de « désir », aussi fréquent que Lacan est absent, et plus encore de « polymorphe », dont on ne compte plus les apparitions. Le mot est précieux parce qu'il touche au cœur de la chose : qu'est-ce que sexuel veut dire ? Nous avons perdu toute liberté d'association avec « polymorphe », impossible en pleine histoire de la sexualité de ne pas penser : l'enfant est un pervers polymorphe. Sauf, encore une fois, que le mot n'est pas versé au compte des *découvertes* de la psychanalyse, mais utilisé dans un raisonnement qui abrase toute différence entre le divan et le prie-Dieu.

« Polymorphe » conduit naturellement à discuter l'idée de la sexualité dont Foucault fait l'histoire. L'ironie veut que « polymorphe » soit le reste en français d'une transcription approximative de Freud. Léger déplacement, mais en même temps indicatif des confusions dont l'idée de sexualité est le lieu. « L'enfant est un pervers polymorphe », cette formule prêtée à Freud fait du pervers-enfant un substantif.

Quand le mot est en réalité adjectif sous sa plume et que « polymorphiquement » est adverbe[1]. Entre l'adjectif et le substantif, il y a ce qui fait la différence entre la « prédisposition polymorphiquement perverse » de l'enfance et le pervers de la vie sexuelle adulte. Il suffit de noter que rien n'est moins « polymorphe » et plastique que la sexualité du pervers, fixé comme à un carcan à la réalisation d'un fantasme et d'un seul, pour mesurer l'importance de la distinction et l'illusion de continuité induite par l'emploi du même mot.

L'histoire écrite par Foucault est œuvre d'historien, d'archiviste. Les représentations qui étayent son hypothèse font toutes référence à la sexualité au sens commun (non psychanalytique) de celle-ci, comme le font bien d'autres histoires de la sexualité, l'époque n'en est pas avare. Que les enfants soient évoqués n'y change rien, tant il est vrai qu'il s'agit là aussi des comportements observables (la masturbation génitale) et du contrôle dont ils font l'objet. La volonté de savoir-pouvoir s'étend à la « *sexualité enfantine* » et fait l'objet du même raisonnement : « On a constitué une sexualité des enfants spécifique, précaire, dangereuse, à surveiller constamment[2]. » La sexualité permet au « réseau de pouvoir » de régner aussi sur l'enfance.

Si Foucault en restait vraiment là, il n'y aurait aucune raison de mêler la psychanalyse à l'histoire. Mais l'ambiguïté de formule comme : « les techniques de pouvoir [procèdent] à une dissémination et une implantation des sexualités polymorphes » (*VS*, 21), entretient à loisir la confusion des registres. En sortir suppose que l'on rétablisse ce qui fait l'originalité de la découverte psychanalytique,

1. Cf. Freud, *Trois essais sur la théorie sexuelle* (1905), Gallimard, 1987, p. 118.

2. *Dits et écrits II*, 259.

soit la sexualité *infantile*, et non « enfantine », et son ancrage psychique dans l'inconscient, ce morceau d'altérité qui le rend inconciliable et conflictuel avec les exigences du moi. Le dégagement par Freud de cette originalité prendra le temps de son œuvre, il faut attendre par exemple 1924 et une réflexion sur le masochisme pour qu'il dissocie enfin déplaisir et tension, trop pris jusque-là par les restes d'une équation entre sexuel et génital, et le modèle de la décharge (de tension) qui va avec ce plaisir-là. Tous les préliminaires, meilleur signe de l'*infantilisme* de la sexualité adulte, conjuguent au contraire, pour le meilleur, plaisir et tension.

Le sens commun (y compris celui de l'historien) sait de quoi il parle quand il parle de sexualité. Le psychanalyste ne le sait plus ! Non parce qu'il serait ignorant, mais parce qu'il est devant une énigme dont il n'a pas le dernier mot. Doublement désarrimé de l'instinct (au profit de la pulsion) et du génital (au profit du polymorphisme de la sexualité infantile), le sexuel a perdu sa claire définition. Atemporalité (ce que veut dire « infantilisme ») et effet d'après-coup du sexuel rompent avec une logique du développement (à laquelle la notion tombée en désuétude de « stade » le ramenait encore). La sexualité infantile, dont le fantasme est l'élément, n'est pas une première étape dont la sexualité pubertaire serait la forme achevée. Aucune place chez Foucault n'est faite à cette formation psychique étrange (qui se nourrit d'enfance sans se réduire à elle), malgré tous les glissements qui organisent la confusion.

« Il faut tout dire. » Que penser d'un psychanalyste qui formulerait en ces termes la règle fondamentale à son patient ? Qu'il s'est trompé de métier et se confond avec un magistrat instructeur ou un confesseur. C'est peut-être le maillon le plus faible du livre de Foucault : *l'aveu* est posé sans nuance, sans être lui-même interrogé, comme si la notion parlait d'elle-même, alors qu'il s'agit d'une formation de pensée complexe inséparable de la spécificité de la configuration psychique dans laquelle elle s'inscrit et qui la produit.

La psychanalyse n'est pas née *ex nihilo* un beau jour des dernières années du XIXe siècle. Freud fut un lecteur passionné du *Malleus malificarum* (Le marteau des sorcières, 1486), et rapprocha volontiers la sorcière volante de l'hystérique à la Charcot et ses prouesses gymnastiques. Il n'y a aucun scandale à pister les signes de continuité entre l'histoire de la sexualité en Occident, depuis la sexualisation du péché originel jusqu'à la passion onaniste du XIXe siècle bourgeois, et la naissance de la psychanalyse. Le problème est ailleurs, celle d'écrire cette histoire en faisant fi des discontinuités et en classant l'ensemble sous le chapitre général du secret sexuel et de son aveu.

L'aveu chez Foucault se conjugue entre vérité, savoir et pouvoir. Il est le moyen d'accéder à la première et l'instrument au service des deux autres. Les deux grandes scènes historiques évoquées, la confession et la cure psychanalytique, ont en commun de ne faire usage que de la parole. L'aveu extorqué par la torture relève d'une autre méthode, il n'est pas ici concerné. Reste à comprendre ce qui peut bien pousser à l'aveu celui à qui on n'intime rien d'autre que : Parlez ! Pourquoi si peu de référence dans *La Volonté de savoir* à la culpabilité, celle qui rend la « vérité » fautive, pourquoi si peu de place faite à cette force psychique sans laquelle l'aveu ne franchira jamais le seuil des lèvres ? Judith Butler reprochera à Foucault d'avoir tenu à l'écart la prise en compte de la chose psychique, on devine à suivre l'argumentation de *La Volonté de savoir* qu'il s'agit de tout sauf d'une négligence, mais bien plutôt d'une condition *sine qua non* pour tenir la généralité de la thèse proposée.

L'aveu dit plus que la vérité, il *avoue* la faute, le crime. Et pour cela il faut un coupable. L'aveu, la livraison du « sale petit secret » (Deleuze), serait la fin recherchée par la psychanalyse qu'elle aurait sans doute mis la clé sous la porte depuis quelques décennies. L'aveu, le secret, la faute, le crime (de pensée), la culpabilité... aucun de ces mots qui ne suppose pour être constitué une psychogenèse complexe. Aucun n'est un donné, tous sont des résultats. Dans bien des cures ils ne tiennent aucune place, tout simplement parce que rien de ce qui est mis en jeu psychiquement par le patient ne se joue à cet endroit. Il arrive même, à l'inverse, notamment dans certaines configurations *borderline*, quand la psyché est ouverte à tous les vents, que la constitution de l'intimité, du secret s'impose comme but transférentiellement poursuivi. Non pas livrer le secret, mais lui permettre d'exister[1], tant il est vital de pouvoir tenir sa pensée à l'abri des intrusions d'autrui.

Si Foucault s'était avancé, même d'un pas à l'intérieur de la chose psychique, serait inévitablement apparu que « l'analysant » qui lui sert de référence, celui qui depuis des siècles se confesse, pour qui parler et avouer sont des quasi synonymes tant la culpabilité pèse sur ses épaules, que celui-là n'est pas l'homme occidental en général mais un névrosé obsessionnel bon teint. L'aveu en psychanalyse n'est pas une fin visée, ni un moyen sollicité, il est la partie émergée d'une formation psychique complexe analysable comme le reste. Quand l'aveu (et la culpabilité sous-jacente) imprime sa forme à la parole, il devient l'objet privilégié de l'analyse, non son moyen mais son adversaire, le nom de la première des résistances ; soit le contraire du

1. Cf. *La Pensée interdite* (P. Aulagnier *et al.* Ma propre contribution à ce volume s'intitule « Un intime »), Paris, Puf, « Petite bibliothèque de psychanalyse », 2009.

rôle que lui assigne Foucault. La psychanalyse d'un patient névrosé obsessionnel ne sera menée à bien, le bien général d'un changement, d'un terrain gagné sur les auto-entraves, d'un peu de liberté conquise, que si *parler et avouer cessent d'être pris l'un pour l'autre*.

Les auteurs

Jacques ANDRÉ, psychanalyste, membre de l'Association Psychanalytique de France (APF), est notamment l'auteur de *L'imprévu en séance* (Gallimard, Folio essais), *Les 100 mots de la psychanalyse* (Puf, « Que sais-je ? »), *Les Désordres du temps* (Puf, « Petite bibliothèque de psychanalyse, 2010), *Paroles d'hommes* (Gallimard, 2012), *La Sexualité masculine* (Puf, « Que sais-je ? »). Dernier ouvrage paru : *Psychanalyse, vie quotidienne* (Stock, 2015).

Isée BERNATEAU est psychanalyste (APF), maître de conférences en psychopathologie clinique à l'Université de Paris Diderot et secrétaire de collection de la Petite Bibliothèque de psychanalyse aux Puf. Elle est l'auteur de *L'Adolescent et la séparation* (Puf, « Petite bibliothèque de psychanalyse », 2010), elle a codirigé *Les Territoires de la haine* (Puf, « Petite bibliothèque de psychanalyse », 2014), participé notamment aux ouvrages *Le Corps de Psyché* (Puf, « Petite bibliothèque de psychanalyse », 2013), *Les 100 mots de l'enfant* (Puf, « Que sais-je ? », 2013), *Les 100 mots de la sexualité* (Puf, « Que sais-je ? », 2011), et a publié de nombreux articles.

Vincent ESTELLON est psychanalyste (APF), professeur de psychopathologie clinique à l'université Paul Valéry de

Montpellier. Il est notamment l'auteur des *Folies compulsives* (Paris, Dunod, 2016).

Patrick GUYOMARD est psychanalyste, professeur émérite à l'Université Paris 7. Il est membre fondateur de la Société de psychanalyse freudienne (SPF) et directeur des Éditions Campagne première. Il a publié *La Jouissance du tragique* et *Le Désir d'éthique* aux éditions Aubier-Flammarion. Il a régulièrement contribué à des volumes de la « Petite bibliothèque de psychanalyse », en particulier *Lacan et le contre-transfert* (2011).

Laurence KAHN, membre formateur et ancienne présidente de l'Association psychanalytique de France, a publié de nombreux articles et plusieurs livres parmi lesquels *La Petite maison de l'âme* (Gallimard, 1993), *Cures d'enfance* (Gallimard, 2004), *Faire parler le destin* (Klincksieck, 2005), *L'Écoute de l'analyste* (Puf, 2012) et, dernièrement, *Le Psychanalyste apathique et le patient postmoderne* (L'Olivier, 2014).

Réjane SÉNAC est chargée de recherche CNRS au Centre de recherches politiques de Sciences Po, le CEVIPOF. Membre du comité de pilotage du Programme de recherche et d'enseignement des savoirs sur le genre – PRESAGE, elle enseigne à Sciences Po. Son dernier ouvrage *L'Égalité sous conditions : genre, parité, diversité* publié aux Presses de Sciences Po (2015) analyse les justifications publiques des politiques d'égalité pour les « non-frères » : les femmes et les « non-blancs ». Elle a aussi interrogé les usages contemporains de la diversité, de l'égalité femmes-hommes et de la parité dans *L'Invention de la diversité* (Puf, 2012), *L'Ordre sexué. La perception des inégalités femmes-hommes* (Puf, 2007) et le « Que sais-je ? » sur *La Parité* (Puf, 2008).

Cet ouvrage a été composé par IGS-CP
à L'Isle-d'Espagnac (16)

Achevé d'imprimer en mars 2017
sur les presses numériques de l'Imprimerie Maury S.A.S.
Z.I. des Ondes - 12100 Millau
N° d'impression : C17/55913Q

Imprimé en France